Michael Hellwig (Hrsg.)
Zeitgrenzen aufbrechen

AF234981

Michael Hellwig (Hrsg.)

Zeitgrenzen aufbrechen

Literatur im Dialog mit Literatur

heute back ich   morgen brau ich
übermorgen hole ich der Königin ihr Lied
ach wie gut, daß niemand weiß ...

Veröffentlicht im Rumpelstilzchen-Literaturprojekt, Enger, 2025
© für die Zusammenstellung Rumpelstilzchen-Literaturprojekt
© für die historischen Texte siehe Quellenangaben unter den einzelnen
Texten
© für die modernen Texte bei den einzelnen Autor/inn/en
Gestaltung und Satz: Michael Hellwig, Siegfried Baron
Verlag: BoD · Books on Demand GmbH, In de Tarpen 42,
22848 Norderstedt, bod@bod.de
Druck: Libri Plureos GmbH, Friedensallee 273, 22763 Hamburg

ISBN: 978-3-7543-5691-3
Bibliografische Information der Deutschen Nationalbibliothek: Die Deut-
sche Nationalbibliothek verzeichnet diese Publikation in der Deutschen
Nationalbibliografie; detaillierte bibliografische Daten sind im Internet
über dnb.dnb.de abrufbar.

JOHANN HEINRICH JUNG-STILLING

Johann Heinrich Jung-Stilling
Henrich Stillings Wanderschaft [Auszug 1]

So wie Henrich Stilling den Berg hinunter ins Thal gieng, und sein Vaterland aus dem Gesicht verlor, so wurde auch sein Herz leichter; er fühlte nun, wie alle Verbindungen und alle Beziehungen, in welchen er bis dahin so ängstlich geseufzet hatte, aufhörten, und deswegen athmete er freye Luft, und war völlig vergnügt.

Das Wetter war unvergleichlich schön; des Mittags trank er in einem Wirtshaus, das einsam am Wege stand, ein Glas Bier, aß ein Butterbrod dazu, und wanderte darauf wieder seine Straße, die ihn durch wüste und öde Oerter, des Abends, nach Sonnen=Untergang, in ein elendes Dörfgen brachte, welches, in einer morastigen Gegend, in einem engen Thal, in den Gesträuchen lag; die Häuser waren elende Hütten, und stunden mehr in der Erden als auf derselben. An diesem Ort war er nicht willens gewesen zu übernachten, sondern zwo Stunden weiter; allein da er sich des Morgens früh irr gegangen hatte, konnte er so weit nicht kommen.

aus: Johann Heinrich Jung-Stilling: Henrich Stillings Wanderschaft. Eine wahrhafte Geschichte, Berlin und Leipzig 1778, S. 3 f.

Melanie Babenhauserheide
Sehnlichst Aufbrechen

Aufbrechen aus dem Gewohnenden
das Vaterland aus dem Gesicht verlieren
Aufbrechen panzergrüner Grenzkörper
Verbindungen, in welchen ängstlich
geseufzt wurde, aufhören lassen
Ausbrechen der Muttersprache
aus offenen Gesäßtaschen
befreite Luft der Menschheit at-h-men
Aufbrechen der engen Einheit
von Ich und Mir

Aufbrechen Ausbrechen
gewährte verschwommen Aussicht
auf das Eindringen von Glücksstrahlen
in der Fremde
in der Ferne
jenseits öder Orte
wartete die Sehnlichkeit
aufs Umleiten der Irrwege
in der Dämmerung des Morgens

Natascha Hefenbrock
Allein unterwegs

Wenn sie später an diese Tage zurückdenkt, sieht sie flirrendes Grün, leichten Seidentaft mit Sonnenstrahlen bestickt, die aufblitzen, wenn sie den Kopf mit halbgeschlossenen Augen träge hin und her bewegt. Sie liegt auf dem Rücken im Schlafsack und schaut in das hohe Blätterdach des Buchenwaldes über ihr. Eine junge Frau allein im Westerwald unterwegs mit Rucksack und Wanderkarte.

Handys gab es damals noch nicht. So war sie völlig frei, ihre eigene Herrin. Nur ihrem Körper und dem Wetter unterworfen, die es beide gut mit ihr meinten. Wenn ihre Füße und Schultern lautstark eine Pause einforderten, dann rollte sie an einer besonders schönen Stelle ihre Isomatte aus und machte es sich in ihrem Schlafsack gemütlich.

Ruhe ohne Stille.
Im Wald ist es nur kurz vor einem Gewitter still. Unzählige Insekten, Vögel und Kleintiere rascheln und summen wie ein Orchester vor dem Konzert.
Und dazwischen das langgezogene Legato des Sommerwindes.
Ihre Arme hinter dem Kopf verschränkt, liegt sie da und schaut und lauscht. Das helle Grün und Blau tun ihren Augen gut.
An diesen Tagen, erfüllt vom Rhythmus ihrer Füße und ihres Atems, kommt sie zur Ruhe, ihre Sinne nur auf den Weg und die Umgebung konzentriert.
Menschen begegnet sie selten. Zum Glück.

Nur nachts, unter einem Gebüsch in eine Plane eingewickelt, ist ihr Körper in Alarmbereitschaft. Dann schreckt sie immer wieder hoch ohne den Schutz einer festen Behausung. Die Tiere sind genauso erschrocken wie sie und fliehen durchs Unterholz, wenn sie sich plötzlich im Schlafsack aufsetzt.
Abends achtet sie darauf, dass sie von niemandem gesehen wird, wenn sie in der Dämmerung den Weg ver-

lässt und sich einen Schlafplatz sucht. Und dann der Nachthimmel über ihr, ein altes Stück Samt, durch das das Paradies hindurchblitzt.

So viele Jahre wird sie von den Erinnerungen an diese drei Tage zehren. Bilder voller Frieden und Dankbarkeit.

Ob sie sich irgendwann nochmal auf den Weg machen wird?

Vielleicht – entscheidend ist, dass es in ihr steckt. Tief und sicher.

Michael Hellwig
Fernweh

Bilder vor Augen
Meere, Strände, Ebenen, Berge
Ins Weite träumen schauen laufen schauen
Sonnenaufgang, -untergang
All inclusive
Wie hoch ist der Preis
für die Pauschalreise

Christian Reinöhl
Moderne Welt ohne Bereitschaft für längere Fußmärsche

So ganz unter uns: Wer wandert bitte heute noch? Vielleicht spricht das ja gegen die heutige Zeit, dass wir nicht mal mehr Gefallen daran finden, Schritt nach Schritt zu machen, immer weiter nach vorn, immer weiter weg... Wenn wir jetzt mal Deutschland fliehen wollen, bevorzugen wir ein Flugzeug, das geht schneller und dürfte im Regelfall sogar billiger sein, wenn ich mir die All-inclusive-Preisangebote auf Mallorca anschaue und die mit irgendeinem beliebigen Gasthaus im Siegerland vergleiche. In Dörfern, die aus elenden Hütten bestehen, mag es noch anders sein, aber die gibt es heute ja auch nicht mehr. Toll! Auf der anderen Seite bedeutet das freilich: Keine Romantik, kein Weltschmerz, keine Hingabe, kein In-der-Welt-Aufgehen, kein Abenteuer, kein Irregehen, kein Garnichts... Sind wir wirklich schon so weit gekommen, uns nicht mehr an dem einfachen Seele-Baumeln-Lassen zu ergötzen, weil wir nicht mehr durch triste Orte stapfen, uns an einem Butterbrot und dem Sonnenuntergang erfreuen und es für Gottes größte Gunst halten, nachts in weichen Federbetten schlummern zu dürfen? Machen wir uns nichts vor: Weit haben wir es trotzdem nicht gebracht... nur so weit, dass uns die Leidenschaft für die nahen Schönheiten abhanden gekommen ist und wir etwas trotzig die Welt und ihre Wunder in immer größerer Entfernung suchen, statt uns auf uns selbst zu konzentrieren.
Aber wenigstens ist es nicht mehr wüst und öde hier, außer in unseren Herzen.

Antje Telgenbüscher
Glück (1963)

Das erste Semester ist vorbei. Ich fahre nach England, um in den Ferien an der Südküste als *au pair* Mädchen zu arbeiten. Zum ersten Mal allein auf Reisen! Die nächtliche Fahrt über den Kanal ist stürmisch. Stundenlang in Finsternis und Enge an Deck gehockt, gelegen, dösend mit Übelkeit gekämpft. Endlich, noch ist alles dunkel, von Bord gegangen. Eine neue Welt! Die Zollbeamten sitzen einzeln an lächerlich kleinen Pulten, fragen, blättern, stempeln ab. Ich muss den Einladungsbrief meiner Arbeitgeberin vorlegen. Stempel in den Pass – und dann endlich im *boat train* unterwegs von Dover nach London. Im Morgengrauen. Langsam wird es hell, die Sonne tastet sich über den Horizont. Das Land ist flach, ganz flach. Grün und dunkelbraun dehnt es sich aus. Felder, Wiesen, kein Wald. Hier und da taucht ein Haus auf, es werden mehr und mehr. Jetzt passieren wir schon Straßen und ganze Häuserreihen, *terraced houses*, ich erinnere mich an die Fotos in meinem Englischbuch, damals in der Schule, im Morgenlicht erscheinen Schornsteine über Schornsteine auf den Dächern, *chimney pots*, zum ersten Mal sehe ich diese bizarren Formen – *typically British* – in der Wirklichkeit. Ja, es gibt sie tatsächlich! Und zum ersten Mal bin ich frei, die Welt um mich herum, all das Neue zu erforschen, allein, ohne jemandem Rechenschaft darüber zu geben, was ich fühle und denke, zum ersten Mal kann ich selbst entscheiden, wohin ich gehen und was ich erleben will in dieser unbekannten Riesenstadt, in die wir jetzt hineinfahren, in diesem neuen Land, das auch eine neue Sprache für mich bereit hält, in diesem frischen goldenen Licht an einem frühen Morgen im Spätsommer – zum ersten Mal!

Victoria Station. Ich greife nach meinem Koffer und steige aus.

Johann Heinrich Jung-Stilling
Henrich Stillings Wanderschaft [Auszug 2]

Ich fühl ein sanftes Liebewallen,
    Es säuselt kühlend um ihm her.
Ich fühl des Vaters Wohlgefallen,
    Der reinen Wonne Wiederkehr.
Die Wolken ziehen sanft herüber,
Tief unten braun, licht oben drüber.

Des kühlen Bachs entferntes Rauschen
    Schwimmt wie auf sanften Flügeln her.
Und wie des Frühlings Sänger lauschen,
    So horcht mein Ohr; von ungefähr
Ertönt der Vögel süßes Zirbeln
Und mischt sich in der Bäche Wirbeln.

Jetzt heb ich froh die Augenlieder
    Zu allen hohen Bergen auf,
Und schlag sie wieder freudig nieder,
    Vollführe munter meinen Lauf.
Nun kann ich mit vergnügten Blicken
Den Geist der Qual zur Höllen schicken.

Noch einmahl schau ich kühn zurücke
    Ins Schattenthal der Schwermuth hin,
Und sehe mit gewohntem Blicke
    Den Ort, wo ich gewesen bin,
Ich hör ein wildes Chaos brausen,
Und Unglücks=Winde stürmend sausen.

Gleichwie ein blaß Gespenste wanket,
    In öden Zimmern hin und her,
Wie's da im blöden Nachtschein schwanket,
    Streicht langs die Wand und ächzet schwer.
Bemüht sich lang ein Wort zu sagen,
Und jemand seine Noth zu klagen.

So wankt ich auch im Höllenschlunde,
    Im schwärzsten Kummer auf und ab,
Man grub mir jede Marterstunde
    Ein neues grausenvolles Grab.
Tief unten hört ich Drachen grollen,
Hoch droben schwarze Donner rollen.

Ich gieng und schaute hin und wieder,
    Fand Todes=Engel um mich gehn,
Und Blitze zuckten auf mich nieder.
    Ich sah ein Pförtchen offen stehn,
Ich eilte durch, und fand mit Freuden
Das Ende meiner schweren Leiden.

Ich schlupfte hin im stillen Schatten,
    Es war noch dämmernd um mich her.
Ich fühlte meinen Fuß ermatten,
    Mir wurde jeder Tritt so schwer;
Schon neigt ich mich zum Staub darnieder,
Und schloß die müden Augen=Lieder.

Ich sank – doch wie in Freundes Armen
    Ein Todtverwundter niedersinkt,
Wenn ihm das Auge voll Erbarmen
    Des Arztes frohe Heilung winkt.
Ich ward erquickt, gestärkt, geheilet,
Und neue Kraft mir mitgetheilet.

Freund Isaac wars, in seiner Halle
    Fand ich ein lautres Paradeis;
Da schmeckten wir die Freuden alle,
    Da stieg zum Höchsten Dank und Preis,
Wir sangen Ihm geweyhte Lieder,
Er schaute gnädig auf uns nieder.

aus: Johann Heinrich Jung-Stilling: Henrich Stillings Wanderschaft. Eine
wahrhafte Geschichte, Berlin und Leipzig 1778, S. 78 – 81

Malte Demuth
Und Eins IST

In mir fließt nasse Frequenz.
Begleit' nur den Wechsel.
Von Perspektiven, in neuer Sequenz:
Gut und Böse, im Niemals geboren.
Der Lichte Befreier, zum Scheitern erkoren.
Der Alte Drach', längst verzogen.
All Identität, endlich verloren.
Karma, künstliches Drama,
damit wir auf Erden immer nur werden.
Dabei sind wir.
Weil Alles ist.
Und folgen nicht
wie die Motten dem Licht.
Denn die Stimme aller Ewigkeit
weiß über sich genau Bescheid.
Ich lasse los.
Und endlich zu.
Vollendet.
Voll.
Endet.

Frei
Frei vom Trinken.
Frei von Nahrung.
Frei von Luft für die Atmung.
Frei von Befreiung, frei vom Willen zu lenken.
Ich bin Süßes Wasser, werd' meinen Blick nie mehr
senken.

Süßes Wasser fließt vom Hier aus ins Dort,
mündet im Wasser des Pools aus schwarzer Haut.
Allein in der Unendlichkeit,
Süßes Wasser strahlt nie weit
durch nimmersatte Schattenheit.
Durch Gleichmut des Ichs,
flieht der Esser des Lichts.
Und mit salziger Gischt
strömen wir fort aus dem Nichts.

Im Nass vibrieren die Welten.
Wirbel aus leichtem Licht.
Salziges Wasser strömt nun schneller,
wird zum Auge der zeitlosen Schicht.
Anderes Wasser ruft.
Denn Salziges Wasser sucht.
Wir fließen hinab,
verlassen den Bau
und saugen uns stromauf ins Grau.

Es bleibt grau.
Alles ist grau.
Auch das Nichts.
Das Eins, die Leere: grau.
Ich bin im Außerhalb, Teil dessen.
Ich bin unbeteiligt, mittendrin.
Ich brauche keine Augen zum Sehen,
keine Ohren zum Hören,
keine Nase zum Riechen,
weder Zunge zum Schmecken
noch Haut zum Fühlen.
Denn Atem lässt sich nichts entwischen.
Ich bin im Dazwischen.
Ich bin das Dazwischen.
Wir sind das Dazwischen.
Denn wir sind.
Weil Alles ist.

Und Grau zerfließt.
Denn ich zerfließe.
Weil wir zerfließen.
Wir sind Neues Wasser.

Wir öffnen Augen, die wir nicht haben –
wissen – was wir tragen:
Nasse Zeit – Tropfen der Ewigkeit –
die wässrig im Äther wabern.

Anderes Wasser kommt.
Es darf hinein.
Wir vermischen uns,
werden Eins, um zu sein.
Und dann sind wir.
Und dann sind wir bei ihnen.

Dort gibt es keine Winkel,
keine Spitzen und Rund.
Weder Formen und Flächen,
niemals Linien noch Punkt.
Nur Klänge, die im Wasser weilen,
um die Wunden der Zeiten zu heilen.
Wir wollen Anderes Wasser sehen.
Nicht nur ihre Welten samt Ideen.
Anderes Wasser sagt, dass das anstrengend ist.
Für uns und für sie.
Wir treffen uns im Nirgendwo.
Zwischen Alles, Nichts, Immer und Nie.
Anderes Wasser zeigt sich: nicht lang.
Neues Wasser erfährt nun Anderen Klang.
Wir sind kurz geschockt.
Noch mehr fasziniert.
Doch beurteilen nicht die neue Sicht.
Anderes Wasser spiegelt bloß Anderes Licht.
Denn wir sind.
Weil Alles ist.
Hier sowieso.

Anderes Wasser bringt uns zum Schatten des Lichts.
Dort eint sich Wasser,
fließt zum Einzigen Ort.
Anderes Wasser verrinnt,
denn ab hier sind nur wir.
Neues Wasser flutet die Schatten im Licht,
folgt dem Lauf kristalliner Frequenz.
Stromauf, vorm schwarzen Moment, scheint es,
als sei es rein lichte Sequenz.
Wir kreuzen die Spiegel der unlichten Ströme,

verführerische Tropfen der Macht.
Dunkles Wasser strömt jetzt entgegen.
Aber Neues Wasser ist standhaft.
Die Schatten im Licht: mächtig, wirksam, stark.
Neues Wasser wird nun dunkel gefärbt.
Neues Wasser ist fast fort.
Das Licht im Wasser, nur noch ein Punkt.
Alles verloren, gleich welchem Grund.
Die Dunkelheit, sie spürt den Sieg.
Doch Licht im Wasser versperrt den Weg.
Würdiges Wasser richtet sich auf,
wird zur Säule aus Gischt,
strahlt golden durch das Zentrum des Herzens
aus der heißesten Kammer des Ewigen Lichts.
Dieses Licht wirft niemals Rand,
denn Würdiges Wasser ist Nicht-Widerstand.
Einzig dies Wasser löst sich vom Licht,
schwingt hinter den Spiegeln, dort eint es sich.
Wasser – frei von Schatten und Licht,
Hell, Grau und Dunkel:
Sie existieren nicht.
Sie haben nie existiert.
Sie werden nie existieren.
Und Wir fließt in mich,
den unendlichen
Krist
all.
W
ir
sind
Ewiges
Wasser. Aus
dem Meere der
Leere. Aspektfrei voll
Sein. Ohne Ursprung fließen
wir unendlich hinein: Quelle IST
ICH IST hier. ICH IST, um hier
zu sein. ICH IST hier, um zu
sein. ICH IST hier und will

bleiben. Und ICH
bleibt.

I
C
H
IST
Ewiges
Wasser, im
unendlichen Kristall
des Seins. Mit der Quelle
im Herzen, ohne Ursprung
vereint, ist ICH Einheit
und Einheit des
Eins.

I
C
H
IST
Träger
des Wassers,
ist von nichts mehr
besessen. ICH ist frei von
Namen – ICH erinnert sich,
hatte 's nur kurz vergessen:
Wir ist ICH. ICH ist
Eins. Und Eins
IST.

Michael Hellwig
Blind

Erzähl mir von dem
Was ich nicht sehen kann
Vom Himmel und von Wolken
Von der Sonne und den Schatten
Die ich fühle
Von Bergen, Tälern und Ebenen
Von Bächen, Flüssen und dem Meer
Die ich nur höre
Erzähl von Dörfern und Städten
Erzähl mir von dem
Was ich träume

Eline Menke
Unterwegs

So horcht mein Ohr; von ungefähr

Beim Wandern lasse ich mich gehen,
lausche dem Schweigen der Bäume,

höre Wolle wachsen
auf dem Rücken der Schafe.

Noch liegt die Luft im Halbschlaf,
gesponnen aus Schatten,

die ich mit Füßen trete,
ohne Gefühl für Müdigkeit.

Umarmt von Kühle genügt mir
das Tempo des Tages nicht.

Kordula Schimke
Frau M. wohnt hier nicht mehr

Vor 20 Jahren habe ich meinen Heimatort verlassen, plötzlich. Es gab für mich gute Gründe, ohne einen Abschied aufzubrechen, ohne eine Nachricht, ohne für die Zurückgebliebenen erreichbar zu sein. Ich hatte meine Tasche genommen und war gegangen. Heute, 20 Jahre später, bereue ich es, mich nicht verabschiedet zu haben.

Jetzt stehe ich vor dem Haus von Frau M., und die Leute sagen:»Frau M. wohnt hier nicht mehr.« Kurz nach meinem Aufbruch ist sie ins Krankenhaus gekommen, dann ins Altenheim, dann wieder ins Krankenhaus und dann auf den Friedhof. Seitdem steht das Haus leer und verfällt. Man hat die Fenster zugenagelt und das Haus seinem Schicksal überlassen. In den Dachrinnen nisten Vögel, einige Schindeln sind vom Dach gefallen, der Schornstein hat sich zur Seite geneigt, und der Putz bröckelt und zeigt große Risse. Über der Haustür kann man mühsam noch die Inschrift »erbaut 1778« lesen.

Ich stehe vor dem einst so ordentlichen Garten, der jetzt nicht wiederzuerkennen ist. Es ist Sommer wie damals, als ich ging. Die Sonne brennt heiß. An solchen Tagen war es unter den alten Bäumen immer angenehm kühl. Das Gartentor hängt jetzt schief in den Angeln und knarrt, als ich es öffne. Der Kiesweg ist zugewuchert. Disteln blühen, wo früher fein säuberlich Rabatten mit bunten Stauden den Weg flankierten. Der Apfelbaum, unter dem wir oft saßen und über das Leben philosophierten, ist bei einem Sturm umgefallen. Die nackten Wurzeln strecken jetzt ihre verzweigten Enden in den Himmel. Dort, wo sie im Boden waren, klafft ein riesiger Krater, und die toten, morschen Äste lehnen an der Garagenwand auf der Suche nach etwas Halt. Langsam gehe ich durch den verwunschenen Garten. Ob mein Schlüssel für die Hintertür noch passt? Ich umrunde den kleinen Erker, der fast vollständig mit Efeu überwuchert ist. Die kleine Treppe zum Hintereingang ist unter Laub verborgen. Ich fege es mit meinen Füßen zur Seite. Frau M. hätte sich über meinen Besuch gefreut, hätte mich in ihre große, lichtdurchflutete Küche, die immer ein wenig nach frischem Brot, Kaffee und Bohnerwachs duftete, gebeten, und wir hätten über das Leben sinniert. Ich fingere den Schlüssel aus meiner Tasche und versuche die Tür zu öffnen. Es erstaunt mich, wie leicht das geht. Das Sonnenlicht fällt nur spärlich durch die vernagelten Fenster, und ich muss mich an die Dunkelheit im Haus gewöhnen. Es riecht modrig. Die Möbel scheinen noch so zu stehen wie damals. Vom Flur aus geht die Küche rechts ab. Nach vorne liegen Wohn- und Esszimmer. Langsam gewöhnen sich meine Augen an die Dunkelheit. Ich gehe vorbei an dem kleinen Tischchen, auf dem früher immer eine große Vase mit frischen Blumen aus dem Garten stand, und öffne die Tür zur Wohnstube. Auch hier hat sich nichts verändert. Sofa, Sessel, Tisch, Schrank. Als ich den Raum betrete, bleibe ich in Spinnenfäden kleben und stoße mir das Knie an dem Schaukelstuhl, der jetzt offensichtlich weiter mittig im Zimmer steht. Ein Buch rutscht dabei herunter. Ich hebe es auf. Es ist zu dunkel, um den Titel zu lesen. Ich stecke es ein.

Was suche ich hier eigentlich? Meine Vergangenheit, meinen Frieden? Will ich mich für meinen damaligen plötzlichen Aufbruch entschuldigen? Heute bereue ich, mich nicht von Frau M. verabschiedet zu haben. Leise führe ich ein Zwiegespräch mit ihr, in ihrem Haus, hoffe, dass sie mich hört, dass sie mich versteht. Vielleicht versuche ich das Haus zu kaufen, um es wieder so herzurichten, wie es früher einmal war. Das würde ihr gefallen, würde mir gefallen. Dann hätte ich ein Ziel, eine Aufgabe, eine Perspektive. Mit dem Buch in der Tasche und einer neuen Lebensaufgabe im Herzen verlasse ich das Haus, versperre sorgfältig die Tür und setze mich auf die mittlerweile vergrünte Steinbank unter dem alten Flieder. Er ist verblüht, aber in meiner Erinnerung rieche ich noch seinen schweren, betörenden Duft. Ja, es soll wieder alles so wie früher werden. Ich werde mich darum kümmern. Hier im Hellen krame ich das Buch hervor. Es ist von einem Johann Heinrich Jung-Stilling mit dem Titel: »Henrich Stillings Wanderschaft. Eine wahrhafte Geschichte« aus dem Jahre 1778. Ich lese, verstehe die Sprache nicht so richtig, bleibe aber bei den Worten »den Ort, wo ich gewesen bin«, hängen. Ich bin verwundert, welche Texte Frau M. gelesen hat. Vielleicht kannte ich sie doch nicht so gut, wie ich dachte. Aber wer kennt schon einen anderen Menschen, wer kennt schon sich selbst? Ich bleibe noch eine Weile sitzen, genieße die Sonne, die langsam untergeht. Ich versuche den Text von 1778 zu verstehen, es gelingt mir nicht wirklich, aber ich freue mich darauf, das Haus von 1778 wieder so herzurichten, wie es früher einmal war, und auf dem kleinen Tischchen im Flur, neben der Vase, die wieder mit frischen Gartenblumen bestückt sein wird, wird das alte Buch seinen Ehrenplatz erhalten.

ELISE VON HOHENHAUSEN

Elise von Hohenhausen
Herbstlied

Der Sommer floh, der Erndte Sichel ruht;
Du siehst den Schmuck der Haine, welken, fallen,
Nicht mehr im Morgenwind die Saaten wallen;
Der Vögel Schwarm zieht nach des Südens Gluth.

Und blutigroth steigt an dem Horizont
Der Tag empor durch dichte Nebelhülle,
Und ob sein Strahl auch freundlich uns besonnt,
Verschwunden ist des Seegens reiche Fülle.

Die Blumen sinken in den Strom der Zeit,
In starren Tod der Erde blühend Leben,
Und tiefem, ernsten Sinnen hingegeben
Hebt meinen Geist das Bild der Endlichkeit.

Wenn aus der Kindheit heit'rem Blumenland
Die Seele schwimmt auf morgenrothen Wellen,
Und in des Weltall's hohen Lebensquellen
Des Schöpfers Majestät zuerst empfand;

Dann fesselt alles, was die Erde beut,
Nicht ihre Sehnsucht, nein, auf Adlerschwingen
Will sie durch's Meer, durch ferne Welten dringen
Bis in's Gebiet der Unermesslichkeit.

Umsonst! es kühlt im Schoos der Gegenwart
Der reine Geist der Abkunft hehres Feuer,
Und undurchdringlich ist der Sinnen Schleier.
Durch den das Jenseits uns verhüllet ward.

Uns fasst die Wirklichkeit mit rauher Hand,
Mit ihren Freuden bringt sie ihre Sorgen,
Und ach! kein Sehnen wie am Lebensmorgen,
Ein enger Kreis hält fest den Geist gebannt.

Doch wenn die Erde ihren Schmuck verlor,
Er sinnend folgt dem Wechsel der Gestalten,
Erschüttert von des ew'gen Meisters Walten,
Dann hebt er sich vom Erdenstaub empor.

Dann sieht er, flammend durch des Lebens Nacht,
Des Blitzes Strahl aus überird'schen Hallen
Durch seines Kerkers düst're Mauern fallen,
Und fühlt mit Wehmuth seiner Ketten Macht.

Du ew'ges Wesen auf des Weltall's Thron,
Verstrickt, verflochten in das Erdenleben,
Vernimmt die Seele dann mit innerm Beben
Noch deiner Sphären hohen Geisterton;

Und fühlt, dass nicht ein Raub der Endlichkeit
Das Daseyn fällt wie diese Blumenkränze,
Nein, dass umstrahlt von ewig lichtem Lenze
Sich öffnet einst die Unvergänglichkeit.

aus: Hohenhausen, Elise von: Frühlingsblumen, Münster 1816; zitiert nach: Gödden, Walter (Hrsg.): Elise von Hohenhausen Lesebuch, Köln 2019 (Nyland Stiftung – Nylands Kleine Westfälische Bibliothek Band 84), S. 19 f. (zusammengestellt von Klaus Gruhn) // online zugänglich in der Bibliothek Westfalica des Landschaftsverbandes Westfalen-Lippe: www.bibliothek-westfalica.de

Siegfried Baron

der herbst ist nicht traurig
er lädt mich ein
mit seinem laub zu spielen
als sei ich der wind
und die blätter auf zu wirbeln
damit sie wieder fallen
und ihr erneutes rascheln
läßt mein kinderherz hüpfen
ohne erinnerung an den sommer
wäre kein traurigsein
die fingerspiele zarter zweige
mit ihrem harfenklang
sind eine neue wirklichkeit
und ich mit ihr

Kirsten Döbler
Im Herbst

Der Sommer verschwimmt
vor alten Spitzengardinen Bäche
laufen die Fensterscheibe hinab
wässern brüchigen Kitt spiegeln
den Blick einer alten Frau hinaus
aufs welkbraune Kartoffelfeld

Am Ufer des nahen Sees
bemooste Bäume vor Nebelfetzen
reflektiert im Grau des Wassers
zum Ruf der Raben werden die
Tage kürzer und das Sehnen groß

Nicole Drude
Herbst

Vielleicht
hatte ich ja meinen Kopf in
den Wolken, die Sonnenblumen
stehen im Herbstfeld wie gebeugte
Personen, der betörende
Duft der Datura ist über
einer frostigen Nacht erstarrt.
Eine Sonnenblume wie
eine schwarze Madonna
mit abgestorbenem Schleierflor
wie ein Mädchen auf dem
Weg nach Hause
im Korb die Ernte des Sommers
entreißt man ihr die Beute
gierige Tiere geifern nach ihr
die Nacht fällt in Schatten
müde der Dunkelheit
brechen die Ähren ihrer Arme
knicken die Halme ihres Haars
sinken die Hände
Ach, in den Wolken...

Michael Hellwig
Kraniche nach Südwest

krruh krruh krruh
Ich stehe in der Sonne
Den Kopf im Nacken
Sie wissen es schon
Der Winter kommt

Kordula Schimke
Herbst

Das fahle Sonnenlicht
kraftlos und müde
hat keine Wärme mehr fürs Land.
Gefiederte Sommergäste längst weitergezogen
dorthin, wo noch Sonne scheint.
Totes Laub am Boden
wartet auf den Abtransport.

Sturm- und Regenfronten
dringen tiefer in das Land.
Eisiger Wind aus Osten
meldet täglich Landgewinn.
Des Sommers letzte Blume
stemmt sich der Gewalt entgegen,
hält der Armee aus Hagelkörnern stand,
bis auch sie letztendlich bricht.

Ein Heer aus Schneeflocken
harrt noch im Verborgenen
auf den Befehl.
In langen schwarzen Mänteln verbreiten kalte Nächte
Schrecken und Angst.
Das Leben in Bunkern verkrochen
wartend auf eine bessere Zeit.

Clara Sinn
Umzugsmanöver

Der Vögel Schwarm zieht nach des Südens Gluth.
Sie schlug das Buch zu.
Es stimmte nicht. Das dass ihr das Leben, wenn auch noch unmerklich und doch den rätselnden Geist angesprochen haltend, aus dem Körper wich. Das Alter. In seiner letzten Phase. Dräuend. Vor der Tür.
Es wich nicht dahin. Es wich weiter. Nur weiter.
Zeit aufzubrechen. So langsam.
Und doch. Ein merkliches Mahnen.
War sie der hinfällige Leib, konnte sie auch die muntere Seele sein. Die sich schon aufmachte ...
Dieser so wilde wie geordnete Schwarm Sommervögel sein ...
Der von je her hingezogen war gen Süden, wie ein unversiegender ewiger Strom, wobei die kritische Masse allmählich überschritten war. Bei diesem Umzugsmanöver.
Es mochte sein, dass die absteigende Welle Fahrt aufnahm, aber die aufsteigende, wenn auch bewusstseinsferner, -verhüllter, -verborgener, tat es auch.
Zeiten des Durchgeistigten, geläutert Geistlichen,
sich vorrangig in die Wahrnehmung schiebend.
Da klarte ihr, dass es nie um den Frühling ging, sondern den höheren
Frühling.
Und sie betrachtete die *ganze* Strecke, die sie zurückgelegt hatte. Ein Labyrinth. Hinein gerade. Aber nach dem Zentrumspunkt war der Weg heraus gleichzeitig
hinein.
In die elysischen Gefilde. Der
Andersrumwelt.
Sie brauchte das Buch nicht mehr zu öffnen. Es bestätigt zu bekommen.
Es stimmte.
Erst waren die Vögel die Vögel. Dann war

sie

die Vögel

geworden.

Diese Schauende.
Die sie schon immer war.
Jetzt
auf dem Weg
es auch geworden sein zu werden –
sich selbst
Eintritt
in dieses geheimnisvoll Zeitlose. Der

Ewigkeit

Elise von Hohenhausen
Jugendfleiß

Des Schlummers Zaubermacht hat früh entzogen
Der Jüngling sich mit innigem Verlangen.
Verstand und Wissen vielfach zu umfangen,
Kaum daß Aurora strahlt am Himmelsbogen.

Hygea ist dem Sterblichen gewogen:
Wie Morgenroth erglühen seine Wangen,
Das Auge glüht, und offen, unbefangen
Lacht seine Stirn von Weisheitssinn umflogen.

Frisch auf! Du mußt viel lernen und begreifen,
Soll deine Blüthe bald zu Früchten reifen,
Soll Erd' und Himmel um dich Schätze häufen.

Nur Jugendfleiß kann zu dem Ziel dich führen,
Dir Deine Bahn mit Erndtekränzen zieren,
Und lehren dich: gehorchen und regieren.

aus: Raßmann, Friedrich (Hrsg.): Rheinisch-westfälischer Musenalmanach auf das Jahr 1822, Hamm o.J.; zitiert nach: Gödden, Walter (Hrsg.): Elise von Hohenhausen Lesebuch, Köln 2019 (Nyland Stiftung – Nylands Kleine Westfälische Bibliothek Band 84), S. 34 (zusammengestellt von Klaus Gruhn) // online zugänglich in der Bibliothek Westfalica des Landschaftsverbandes Westfalen-Lippe: www.bibliothek-westfalica.de

David Baaske
Jugendfaul-Twist

Ein wahres Wort sprach uns Elisen,
Des jungen Volkes nach viel Wissen.
Heut teilt man nachmittags noch Kissen,
Die alte Zeit sei uns gepriesen.

Und wie sie schreien gar die Fiesen,
Der Volksfassaden voller Rissen,
Alles wirkt wie hingeschmissen,
Führet das Land in neue Krisen.

Sucht man der Jugend was beizubringen,
Hört man sie von ihren Rechten singen.
Diese Früchte sind verdorben.

Doch der Zeiten sind auch and're heut.
Gehorchen wollen's nicht und nichts bereut,
Haben wohl doch irgendwas erworben.

Jenny Cazzola
Jugendfleiß heute

Auch heute noch besitzen viele das Verlangen,
Verstand und Wissen vielfach zu umfangen.
Doch ohne Druck und ohne Hast,
des Schlummers Zauberkraft heißt heute Rast.

Unserer Sterblichkeit sind wir uns nur zu gut bewusst,
das Leben ist zu kurz um sich zu plagen,
stattdessen sollten wir uns nach dem Sinn unserer
                                          Tätigkeiten fragen.
Zu ungesunder Plackerei fehlt uns die Lust.

Los geht's! Wir wollen lernen und begreifen,
uns dabei aber nicht auf Altbekanntes versteifen,
frei entscheiden über Zeit und Ort.

Wir arbeiten nicht weniger, nur anders,
priorisieren Gesundheit, Freude, Ausgewogenheit,
und finden unseren Weg ganz ohne Geiz und ohne Neid.

Carina Contreras
Jugendfleiß

Als wir noch glaubten, dass wir unser
Schicksal
formen mit
festem Händedruck und Pünktlichkeit
füllten wir unsere Lebensläufe
wie Kornspeicher der Hoffnung auf
fette Jahre
mit Praktika und Fortbildungen
Heute
brennt die Welt um unsere ausgezehrten
Herzen
und mal sollen wir uns hinten
und mal nicht so
anstellen
Von Generation Golf zur der
ohne Bock zur letzten
ist das Leben immer weniger
Pappenstil oder Ponyhof
Wir verhungern saturiert an vollen
Tafeln und kacheln virtuelle
Räume mit Self Care und Selfies
setzen rote Flaggen ans Ende der
Fahnenstange, das je nach
Filterblase
mal teleskopisch und mal
wächsern ist
Hedonistisch nihilistisch
politikverdrossen radikal
Was ihr seht, das sind wir

Nicole Drude
Heckenreiterin

Das Gewirr der Zweige
kämmt mein Haar
durch das ich gehe
über meine Schulter
streiche ich daran vorbei
wie an alten Bildern
die Zweigenden stoßen
wie an Glas, das
sie rahmt und mir
ins Auge, stoßen zu
mit ihren Spitzenenden
durchwirken den Raum
des Winters tröstlich fast
hindurch gegangen bin
ich längst an jedem
Haar ein Blatt verfangen
bin ich ich geworden
und schleife hinter mir
das Laub der Zeit
Brautschleppe des Lebens
bin ich vorangeschritten
hol auch du aus
hol weiter aus
die Haselblüten warten
schon mit weichen Trieben
auf ihr Fest
zitterndes Leuchten ist
um sie sie sind die
ersten. Ich werde auch
die Erste sein

Michael Hellwig
Montag, 1. Stunde

Die Begrüßung seines Kurses war wie üblich mau gewesen. Aber M. hatte sich schon lange entschieden, das zu ignorieren, erst recht montags in der 1. Stunde. Auch machte er sich keine Illusionen, was das Interesse seiner Schüler für Literatur anging. Aber da mussten sie durch. Genauso wie er. Die Obligatorik für das Deutsch-Zentralabitur löste auch bei ihm nicht immer Begeisterungsstürme aus.

»So ‚meine Damen und Herren, mir ist ja bewusst, dass Sie Lyrik noch mehr für eine Zumutung halten als Literatur generell, aber Sie wollen nächstes Jahr Abitur machen, und da sieht das Ministerium nun mal auch zwei Lyrik-Einheiten vor.«

Ein Stöhnen ging durch den Raum, nur Lena richtete sich interessiert auf. M. zog einen Stapel Blätter aus seinem Rucksack und legte ihn auf den Platz von Gerrit, der links in der ersten Reihe saß. »Bitte rumgeben.«

M. ging zurück zu seinem Pult, ließ sich auf seinen Stuhl fallen, lehnte sich zurück und ließ den Blick entspannt durch den Raum gleiten.

Ein paar Minuten vergingen, in denen die Schüler (Er hatte es schon lange aufgegeben, Schülerinnen und Schüler zu denken und zu sagen, weil selbst die allermeisten Mädchen nicht zu verstehen schienen, warum das wichtig war.) das Gedicht lasen.

»Will der uns verarschen?«, war halblaut aus der letzten Reihe zu hören.

»Das habe ich gehört.« M. stand auf, um auch die letzte Reihe gut sehen zu können. »Ich sage ja immer, dass die Frage nicht ist *Was will die Dichterin uns damit sagen?*, sondern *Was sagt mir der Text?*, aber das bezieht sich auf den Text, nicht auf mich. Und Sie sollten Ihre Wertungen auch begründen können, selbst wenn Sie sie als Frage formulieren. Warum also glauben Sie, dass ich Sie *verarschen* will?«

Schweigen.

»Na, was ist? Trauen Sie sich nur, etwas zu sagen, wenn Sie denken, dass ich es nicht höre ... oder dass ich dasselbe denke? Sie müssten doch inzwischen wissen, dass

das bei mir nicht nötig ist.«
»*Jugendfleiß!* Ich bitte Sie. Wer schreibt denn heute noch sowas? Ich verstehe ja nichts von Gedichten, aber das kann die doch nicht ernst meinen. Und als Provokation ist es nicht witzig. Wir haben schließlich mit Schule mehr als genug am Hals.« Frederik regte sich offensichtlich wirklich auf.

»Nur dass das nicht ›heute‹ geschrieben wurde. Sondern?«

»1822.« Lena platze rein, ohne sich zu melden. »Steht doch drunter.«

Auch Maria wartete nicht ab, bis M. ihre Meldung sah. »Viel schlimmer ist doch der Schlussvers *Und lehren dich: gehorchen und regieren*. Was ist das – egal in welcher Zeit – für ein Menschenbild. Gibt es denn nichts Anderes als gehorchen oder befehlen? Wie wäre es denn mit Loyalität und Hilfsbereitschaft?« Maria musste unterbrechen, um Luft zu holen.

Die Gelegenheit nutzte Frederik: »Ey, chill mal! Aus allem musst du gleich Klassenkampf machen. Geht's nicht auch 'ne Nummer kleiner?«

»*Chill mal!* Das ist mal wieder typisch. Kannst du vielleicht auch mal an was anderes denken? Mit Klassenkampf hat das nichts zu tun...«

Bevor Maria fortfahren oder Frederik noch einmal reagieren konnte, unterbrach M. die Auseinandersetzung: »Hallo, wir wollen doch mal alle sachlich bleiben. Da ist es wohl am besten, wenn wir uns jetzt der ganz normalen Analyse widmen.«

In dem Moment ging, ohne dass jemand geklopft hätte, die Tür auf und ein mittelgroßer Blonder versuchte, möglichst unbemerkt auf seinen Platz zu schleichen. M. schaute auf die Uhr und trug etwas in die Kursmappe ein.

»Und jetzt erzählen Sie mir noch, dass die Autorin unrecht hat. Unser Cord ist doch das beste Beispiel für das, was sie schreibt: *Des Schlummers Zaubermacht hat früh entzogen / Der Jüngling sich mit innigem Verlangen. / Verstand und Wissen vielfach zu umfangen, / Kaum daß Aurora strahlt am Himmelsbogen*. Nicht wahr, Cord?

43

Besonders nach dem Wochenende.«
Selbst diejenigen im Kurs, die sich sonst über M.s Ironie aufregten, mussten lachen.
»Genug gelacht. Jetzt ernsthaft an die Arbeit. Ich verstehe zwar nicht, warum es da noch immer Übungsbedarf gibt, aber jetzt schreiben Sie alle eine Einleitung in die Gedichtanalyse. Getrennt! Wie schon Elise von Hohenhausen schreibt *Frisch auf! Du mußt viel lernen und begreifen*.«
M. grinste. Aber dieses Mal lachte niemand.

Anne-Kathrin Koppetsch
Jugendfleiß *reloaded*
Hommage an Elise von Hohenhausen, Jugendfleiß

Aus Heimatland und Krieg geflüchtet
Das Mädchen, dessen Haar vom Tuch verhüllt.
Nach einem harten Weg den Durst gestillt,
Hat sie aus Not der Freiheit den Tribut entrichtet.

Zunächst noch scheu und eingeschüchtert,
Hat sich das bange Herz mit Mut gefüllt.
Sie lernt die Sprache bis zum Äußersten gewillt!
Hat nächtelang sich Wissen eingetrichtert.

Frisch auf! Dem Widerstand zu trotzen!
Wenn sie dir auf Kultur und Kleidung rotzen:
Hilf Gott, hilf Göttin! Lass sie motzen!

Vertrau dir selbst, wirst deinen Weg schon machen.
Und glaube mir: zuletzt wirst du dann lachen!
Der Weisheit Feuer hüten und es neu entfachen.

Christian Reinöhl
Jugendhass

Ihr habt uns Glück versprochen, war gelogen.
Und eure Schuld ist euch, wie's scheint, entgangen.
Wir wüssten, sagt ihr jetzt, nichts anzufangen
Mit unserm großen Glück – wir sind verzogen.

Das stimmt so nicht. Wir sind von euch betrogen.
Denn durften wir nicht Ehrlichkeit verlangen?
Zumindest aber (wie's die Alten sangen)
Ein echtes Leben, nicht bloß einen Slogan.

Wir lernten bloß: Man kann ruhig auf uns pfeifen.
Es fällt zwar schwer, es wirklich zu begreifen,
Doch lehrt ihr uns, uns richtig einzuseifen.

Und jetzt? Was soll'n wir tun? Auf allen vieren,
So kriechen wir. Anstatt zu diskutieren.
Doch passt bloß auf: Wir können reagieren!

Ulrike Schönfelder-Hellwig
Wille zur Freiheit

Im Spaß der Spiele suchst du deine Früchte
Verstand und Kraft
Ausdauer und Vertrauen
Entscheidungen zerren an deiner Standhaftigkeit

ANNETTE VON DROSTE-HÜLSHOFF

Annette von Droste-Hülshoff
Im Grase

Süße Ruh', süßer Taumel im Gras,
Von des Krautes Arom umhaucht,
Tiefe Flut, tief, tief trunkne Flut,
Wenn die Wolk' am Azure verraucht,
Wenn aufs müde schwimmende Haupt
Süßes Lachen gaukelt herab,
Liebe Stimme säuselt und träuft
Wie die Lindenblüt' auf ein Grab.

Wenn im Busen die Toten dann,
Jede Leiche sich streckt und regt,
Leise, leise den Odem zieht,
Die geschloss'ne Wimper bewegt,
Tote Lieb', tote Lust, tote Zeit,
All die Schätze, im Schutt verwühlt,
Sich berühren mit schüchternem Klang
Gleich den Glöckchen, vom Winde umspielt.

Stunden, flücht'ger ihr als der Kuß
Eines Strahls auf den trauernden See,
Als des zieh'nden Vogels Lied,
Das mir niederperlt aus der Höh',
Als des schillernden Käfers Blitz
Wenn den Sonnenpfad er durcheilt,
Als der flücht'ge Druck einer Hand,
Die zum letzten Male verweilt.

Dennoch, Himmel, immer mir nur
Dieses eine nur: für das Lied
Jedes freien Vogels im Blau
Eine Seele, die mit ihm zieht,
Nur für jeden kärglichen Strahl
Meinen farbig schillernden Saum,
Jeder warmen Hand meinen Druck
Und für jedes Glück meinen Traum.

aus: Kölnische Zeitung, 14. und 24.11.1844; zitiert nach: Gödden, Walter
(Hrsg.): Annette von Droste-Hülshoff Lesebuch, Köln 2011 (Nyland Stiftung
– Nylands Kleine Westfälische Bibliothek Band 23), S. 141 f. (zusammenge-
stellt von Jochen Grywatsch) // online zugänglich in der Bibliothek Westfalica
des Landschaftsverbandes Westfalen-Lippe

blumenleere
melancholisch fliehendes leid

weggelagert von der stadt
 der hauch einer idylle noch
die urutopie namens natur
wo wiesen suesze blumen 'spruehen
& kraeuter ihren herben duft
liegst du auf mir & ich auf dir
gem/einsam bald im andren saft
laesst jenes spaete prickeln nach
sofern wir uns durchdrungen haben
erinnern wir uns traurig bald
an diesen laengst verblichenen traum
der jugend voll weltrevolution'n
als wir den tod kaum fuerchteten
da beinah wir unsterblich waren
& uns die zeit gar oft stillstand
fuer das moment des kaeferflugs
des vogelsangs des sonnenblitz's
des lachens schier ganz ohne hass
des tiefen rauschs wahrhaftigkeit

Iris Brandewiede
Treiben Lassen

Wie war das nochmal –
treiben lassen, gar nichts lieben, gar nichts hassen,
gar nichts wollen, gar nichts müssen, nein.
Stille hören, liegen bleiben, Kaffee kochen,
Briefe schreiben,
Worte lesen... leise sein.

Ich hab die Zeit gedreht, so dass sie rückwärts geht,
sie wird nicht weniger –
sie wird mehr und mehr und mehr und mehr...

Wie war das nochmal, Alltagssorgen –
was gibt's heute, wohin morgen?
Alles das ist meilenweit entrückt.
Die Meise mit der schwarzen Mütze
wäscht sich in ner kühlen Pfütze,
ob sie weiß, wie sehr sie mich beglückt?

Ich hab die Zeit gedreht, so dass sie rückwärts geht,
sie wird nicht weniger –
sie wird mehr und mehr und mehr und mehr...

Nicole Drude
Dezemberbäume

Ihre Körperskelette quirlen
den Nebel wie Milch
die zu Sahnefrost an
ihren Fingern gerinnt
Hausfrau, Küchenmagd
wären sie, wären sie wie wir
in klarer Nacht entlang
der Autobahn tanzen
Hexenbesen ihren Flug
wie sie sich ausstrecken
bis ins kleinste Glied der
Zweige Dendriten immerfort
verästelt bis zur Zärtlichkeit
gehen sie auf in der Kälte
tragen sie ihr Schwarz
bis in mein Herz hinein
an jedem Ende eine
Dorne, einer Knospe Keim
verhärtet noch und
schlafend träumt bis
in mein Herz hinein
es ist Dezemberwinter
es geht das alte Jahr
noch lass ich es nicht gehen
ich halt es bis zum
letzten Schlag ich will
es nicht betrügen um
keinen arbeitsvollen Tag

Cornelia Ertmer
Annette im Schneckenhaus

Ein Bild: Eine Frau auf einer Wiese.
Sie hat, trotz der sommerlichen Temperaturen, ein hoch-
geschlossenes, langärmliges, knöchellanges Kleid an,
dessen weiter Rock sich über die hoch stehenden Gras-
halme bauscht. Sie liegt auf dem Rücken. Ab und zu
dreht sie den Kopf zur Seite, so dass man, wenn man sie
von oben betrachtete, ihr Gesicht im Profil sehen kann,
die hohen Wangenknochen, die schmale, gerade, mar-
kante Nase, das runde Kinn. Ihre Gesichtszüge wirken
entspannt, ihre Brust hebt und senkt sich in gleichmäßi-
gen Atemzügen. Sie hat die Augen weit geöffnet. Ein
friedliches Bild, ein Bild voll Harmonie und Schönheit.
Was geht vor hinter ihrer hohen Stirn?

Wo schriebst du dein Gedicht,
Annette, dieses Gedicht voller Sehnsucht nach
unerreichbarem Glück, wissend
um die Vergeblichkeit deiner Träume, von denen
du dennoch nicht lassen konntest.

Im Schneckenhaus, deinem Refugium vor den
                              Zumutungen der Welt,
vor den Ansprüchen des Bruders? Wo
saßest du? Unter dem Fenster
mit Blick in den Garten? Auf dem Sofa
unter den Bildern deiner Ahnen? Am Schreibtisch
in deinem Schlafzimmer, über dem
heute dein Porträt hängt? Oder warst du im
                              Fürstenhäusle,
gelegen oberhalb der Stadt Meersburg,
deinem ersten, selbst erworbenen Besitz.

Nein, diese trauerumflorte Sehnsucht nach dem Leben,
die glückgesprenkelte Trauer um die Toten, sie gehört
                              nicht
in die fröhlichen Weinberge und Bodenseeweiten von
                              Meersburg.
Sie gehört ins Westfälische, in deine Heimat
mit Landschaften voll verborgener Schönheit und

tief empfundener Naturverbundenheit,
eine Verbundenheit, die du, Annette, in besonderem
                                   Maße besaßest.
Mit weit offenen Sinnen
atmetest du den würzigen Duft
der Wiesenblumen, spürtest die sanften Wellen
des Wind bewegten Grases, die sich in deinem
verschwommenem Blick mit den Wolken am Himmel
                                   auflösten.
Beobachtetest bunte Käfer, die durchs
                                   sonnenbeschienene
Gras flitzten, erträumtest dir ein Leben in Freiheit und
                                   Glück
mit den ungebunden am Himmel
ihre Lieder singenden Vögeln.

Weitsichtig in der allergrößten Nähe,
im Grase, hast du ihnen nachgegeben,
deinen Wunschträumen, deinen Empfindungen, denn
                                   das
warst du, empfindsam noch für die kleinste Regung
in deiner nahen Umgebung.
Eine starke Frau in
einem schwachen Körper hadertest du
oft, mit dir, mit deinem dir aufgezwungenen
eingeschränkten Leben.

Porträts von dir zeigen dich ernst, gesammelt, nie
                                   lächelnd.
Die Kleidung hoch geschlossen, die Haare straff
                                   gebunden,
an den Schläfen zu kunstvollen Locken gedrechselt.
Die kurzsichtigen Augen nachdenklich
in die Ferne gerichtet. Was
sahst du, wenn du in die Weite blicktest?
Woran dachtest du? In deinen Gedichten offenbarst du
                                   dich,
deinen Freiheitsdrang gegen alle Etikette,
deinen Anspruch auf Selbstbestimmtheit und

Unabhängigkeit, die dir spät, aber doch gelang.

Du, ein adliges Fräulein, das sich von Geburt an
ins Leben kämpfen musste,
du, vielseitig begabt und gefördert und doch
gefangen in den Regeln des adligen Standes,
fandest Trost in der Natur, Trost
über den Verlust von Menschen, die dir
nah waren. Im Lauf des schillernden Käfers und
im Gesang der Vögel fandest du ein flüchtiges Glück,
das dir im Leben versagt blieb.
Leben und Tod, Tod und Glück. Sehnsucht und Traum.
Grenzenloses Sein, aufgehoben in der Natur.

Im Grase

Danke, Annette, für dieses Gedicht.

Kathrin B. Külow

sah auf das grün
die wiese auf schwad gelegt
im grasmeer dunkel baracken
türme das tor entbietet keinen gruß
von der plattform herunter
über steinen schon früh
steht schattenlos der tag zerbrochene zeichen
fundamentieren all unsere schritte
über pflaster und kies
treten ins dunkel erstirbt jegliches
zwischen hölzernen wänden schatten gerüche
am ende des wegs langgezogen schmal die senken
belauschen unseren atem
da steigt etwas herauf
würgt in der kehle
über dem wasen lerchentriller

Eline Menke
Die Ordnung der Welt

Sich berühren mit schüchternem Klang

Der Augenblick jetzt mag ein Garten sein
mit Zungenküssen des Lichts.
Limonade, ausgeschenkt
von Zitronenfaltern.

Aber schau, es ist bloß ein Morgen,
an dem die Blumen ihre Schatten wie
Kleider abgelegt haben,
zerstreut von meinen Füßen
im Gras.

Rudolf Schimke
Lyrischer Dialog mit A. v. Droste-Hülshoff und C. D.
Grabbe gescheitert
Oder
Warum nicht Heine

Ist es unsere Sprache
Die Sprache meiner Welt?
Ist es noch das gleiche Denken?
Das Denken, das uns heut' umgibt?

Es ist die gleiche Sprache
Wenngleich von Patina durchdrungen
Doch die Gedanken, die sind fremd
Rührselig und mit ganz viel Windungen gedacht

Und dann der hemmungslose
Von irrer Begeisterung getragene
Unerträgliche Nationalismus!
Diese Lektüre macht mir Schmerzen

Ach, warum nicht Heine?
Seine Lyrik, tief empfunden
Und doch schlicht und ehrlich
Warum nicht Heine?

Ulla Schuh
Im Gras der Droste
(blue perfection)

Es war an einem Morgen im Juli,
der Himmel war blank und blau,
die Sonne schien
Ich lag im Gras,
hielt inne –
lauschte der Welt

An Vogellaute erinnere ich mich,
vielleicht war es August,
es muss August gewesen sein,
sonst hätte ich nicht die Zeit vergessen,
hätte an Arbeit gedacht
oder an den Kindergeburtstag meiner Tochter,
wäre nicht liegen geblieben im Gras der Droste,
aber ich lag da und ich weiß,
dass all die Dinge in meinem Kopf
zusammensurrten,
als gäbe es keine Zeit,
keine To-do-Listen,
nur mich
unter der Linde
im Gras der Droste
ein Sonnenpfad
auf Gliedern & Saum
Lichtpunkte, die einsickern
durch die Schichten der Zeit
hindurch, die geschloss'ne Wimper
bewegen, etwas flackert auf,
ein Gedanke, ein Vers,
ein Händedruck

Im Schneckenhaus

Sie hatte sich auf ihr Sofa gelegt, um nach dem Mittag auszuruhen. Als sie erwachte, drängten Menschen herein, nahmen ihr die Luft, lasteten ihr auf der Brust – Doch es war totenstill. Einer stand in der Mitte und machte den Mund auf und zu wie ein Fisch, lautlos. Die anderen starrten diesen Mund an, der von einem Schnurrbart halb verdeckt war. Das Haupthaar wallte dem Mann auf die Schultern, er trug enge Hosen wie die Frauen um ihn herum. Die wenigen Röcke, die es zu sehen gab, waren so kurz, dass die Mutter sie *schamlos* genannt hätte. Haar hing ungeflochten herab, manche Köpfe waren kahlgeschoren. So hatte man die Hexen zugerichtet, bevor man sie verbrannte. Münder leuchteten in allen Schattierungen von Rot wie die Rhododendronbüsche im Schlosspark, unter deren Blütenbergen sie sich versteckt hatte, als sie ein Kind war. Jetzt schnürte ihr diese Farbe die Kehle zu.

Alle betrachteten das Sofa so ehrfürchtig, als stünden sie im Dom zu Münster vor dem Allerheiligsten.

Die Menschen zogen hinaus, neue drängten nach. Eine Frau stellte sich mitten ins Zimmer. Ihr Körper steckte wie in einem Futteral und balancierte auf Absätzen, die so zugespitzt waren wie der Federkiel, auf den die Frau zeigte. Dann zeigte sie auf den Briefumschlag, der mit winziger Schrift bedeckt war, und auf das Fensterchen, von dem aus man hinunterschauen konnte in die Küche. Auch der Mund dieser Frau ging auf und zu, stumm, wie ein Fischmaul an der Scheibe eines Aquariums.

Auf Besuch war sie nicht mehr eingerichtet. Ihr Haar, das sie morgens geflochten und aufgesteckt hatte, löste sich schon, ihr dunkles Kleid war zerknittert.

Wäre der Junge noch hier, wie würden sie über diese Gestalten lachen! Aufgeputzt die einen, während andere sich mit sackartigen Hüllen begnügten. Und alle Frauen barhäuptig, die Schultern halb nackt. An den Füßen Sandalen, aus denen grellrote Zehennägel starrten. Mit der Peitsche würde die Mutter sie alle zum Teufel jagen, über die Deele hinaus auf die Allee, diese *Unkeuschen*, über Schlaglöcher, durch Pfützen würden sie springen, ein

stolpernder Totentanz, der sich in grauer Ferne verlor.
Aber wäre der Junge hier! Wie würden sie zusammen lachen und einander Worte in den Mund legen, zärtlich und doch bestimmt, so wie die Vogelmutter dem Jungen die Nahrung in den Schnabel schiebt. Beide waren darin geübt, Mutter und Kind zugleich zu sein.
Heute war sein Brief aus Italien gekommen. Wie die Buchstaben über die Zeilen hinaus ausbrachen und Raum verlangten! Endlich gelöst von dem Band, das ihn gehalten hatte! Während er, tief ausatmend, sich streckte, sog sie mit gekrümmtem Rücken Luft ein, die nie reichte. Während er sich auf dem Papier ausbreitete über die Welt, von Rom bis nach Nienberge, vom Rüschhaus bis zum Petersdom, blieb sie in ihrem Schneckenhaus. Hier und immer nur hier.
Am Fenster stand ein junges Paar. Das Mädchen, das sein blondes Haar offen trug, hatte dem Mann die Arme um den Hals gelegt, und er berührte mit dem Mund ihre Wange.
Sie schloss die Augen. Was hatte sie vorhin auf den Briefumschlag gekritzelt?
Tote Lieb', tote Lust, tote Zeit ...
Einmal, als sie so alt war wie dieses Mädchen, war die Taxuswand ihr Ort, um sich zu verbergen. Als sie kalt und hochmütig genannt wurde, weil ihr Verstand gefürchtet war. Und ihre Zunge. Als man sie auf die Probe stellte und sie sich in ihren Gefühlen verirrte. Bloßgestellt hatte man sie und ausgestoßen.
Die Taxuswand war ein dunkler Ort. Damals hatte sie nicht gewusst, was Liebe war. Nichts hatte sie gewusst.
Das Paar stand noch immer in einander versunken. Nur Augen für einander – nicht für die Schreibfeder und nicht für das Sofa, nicht einmal für die Worte auf dem Briefumschlag.
Ein Leib zu sein. Kein Abgrund zwischen dir und mir. Wie Zwillinge in einem Ei.
Mehr Menschen strömten herein und weiter nach nebenan, wo die Sammlungen waren: Muscheln und Steine.
Sie gehörten ihr allein, niemand sollte sie sehen. Doch

sie hatte nicht die Kraft aufzustehen, sich mit ihrem Körper gegen die Lade zu stemmen und sie zu schließen. Die Steine blieben entblößt wie die Muschelschalen, denen die andere Hälfte verloren gegangen war. Sie kannte ihre Namen: Die Jakobsmuschel und das Venusherz, das Strahlenkörbchen, die knotige Herzmuschel und wie sie alle hießen, beschriftet und verwahrt. Sie kannte ihre Namen. Das Meer hatte sie nie gesehen. Jetzt tauchten Geräusche auf. Leise, von fern. Ein Knirren und Knarren, Rieseln und Knistern, als zerfielen die Steine, die Muscheln zu Staub. Es wurde lauter, bis es in ihrem Kopf rauschte, als hielte ihr jemand diesen Raum, ihr Schneckenhaus, ans Ohr, das Rauschen breitete sich aus, erfüllte ihren Körper –

Als sie die Augen öffnete, war das Zimmer leer. Der gefiederte Baumschatten zog über die Wand, bis er verschwunden war.

Sie stand auf und sah in die Küche hinunter. Der Tisch leuchtete noch weiß gescheuert, das Herdfeuer war erloschen. Es ging auf den Abend zu.

Die Stachelauster. Die Schwertmuschel. Das Venusherz. Sie würde das Meer niemals sehen.

Anmerkungen:
»Schneckenhäuschen« nannte Annette von Droste-Hülshoff ihr Zimmer im Rüschhaus bei Münster.
Die Zeile *Tote Lieb', tote Lust, tote Zeit* stammt aus ihrem Gedicht »Im Grase«.
In dem Gedicht »Die Taxuswand« erinnert sich die Droste an die traumatische Erfahrung, die sie als junges Mädchen in ihrem Bökendorfer Freundeskreis machte.

J. Monika Walther
Durchwachte Nacht.

Annette von Droste-Hülshoff und Emily Dickinson

Dickinson:
Dass Sie mich nicht verraten – versteht sich wohl von selbst –

Droste:
Nach Tagen längst vergessen, empfunden.
Wer möchte nicht ein Kind sein und sich grauen?
Wer möchte nicht ein Mann sein?

Dickinson:
Wie die Hölle will. Sitz ich und schreibe – bündle – vernähe meine Gedichte.
Mein Scharfsinn scheitert in Amherst. Am Dach aus Stein am Baum aus Moos lautlos an reifgrauen Echos und marmornen Stapeln aus Zeit.
Ich geh hin und her und im Kreis und in mir – steif wenn Blicke durch die Ritzen suchen.

Droste:
Was tun so eingebunden Haare, das Herz, die Wörter.
Gedankenkontrolle –
die Stimme an mich richten
die Stimme abgeben
außer mir bleiben
in mir schweigen
in mir schreiben
Wortbruch
Einbruch
mein Fall kein Traum mehr

Dickinson :
Eigensinnig, verkohlt und dürftig ist die weiße Braut von Amherst. Ich kann mein Selbst nicht loten, sage ich zu zwei Journalisten. I do not cross my fathers ground to any house or town.
Interessiert dich das? Interessiert dich die Existenz hinter

den Fassaden – in dunklen Räumen und ich in meinem weißen Kleid?

Droste:
Achtzig Menschen Verwandtschaft allein aus Bökendorf (nie allein!) und all die anderen bis nach Meersburg lassen sie mich nicht.
Der Schmerz hat blinde Flecken.
Ich kaufe Papier und schreibe –
Weiße Buchstaben auf weißes Papier.
Die berühmte Droste, die lächerliche Annette. Mit törichtem Herz tot liegen die Lerchen und Nachtigallen. Ich lege mich dazu. Eine aus der Ahnengalerie der Hülshoffs in der Perlenschnur.

Dickinson:
Der Lorbeer ist verklebt.
Es ist wie bei dir, klein, quadratisch, kantig, geordnet. Stein auf Stein. Dunkles Brot wird gegessen zu Schwein und Muscheln, alles in einem Topf. Und gerecht geht es zu und voll des Glaubens an die Machbarkeit des Schicksals und der Welt.
Ich hätte vieles zu schreiben, möchte es dir aber nicht mit Papier und Tinte sagen. Ich hoffe vielmehr, ungeteilt miteinander freuen können. Aber an was können wir uns freuen? Die Luft nicht zum Atmen – nicht für uns.

Droste:
An den Wahrheiten oder an den Blicken über die Wassergräben und den geschorenen Buchsbaum.
Die Wahrheit als eine absolute behauptet – ist mehr als das dramatische Ende jeder Erzählung: Sie tötet jede weitere Frage, mein Denken. Also lass uns fern der Wahrheit bleiben. Oder siehst du eine Leiter in den Himmel?

Dickinson:
Under the zero ground liegen Sklaven verscharrt. Um halb drei singt ein einzelner Vogel. Um halb vier tausend

Krähen, sie hacken mich tot, aber ich lächle tapfer und schreibe Briefe.
Ich habe keinmal – geheiratet. Keinmal. Aber geliebt. Ich hatte meine Affären – so oder so.
Dass ich schön bin. Das weiß ich. Das sehe ich auf dem einzigen Foto. Eine fade Gans aus Amherst.
Ich bin unsterblich.

Droste:
Da genügt eine Hand, die ist mehr als ein Blick. Keine Hand kein Blick. Kein Blicke keine Briefe. Ondulierte Locken. Levin heiratet.
Ich schreibe:»Nun muss ich sitzen so fein und klar, Gleich einem artigen Kinde«

Dickinson:
Weißt du, dass ich die»amerikanische Droste« genannt werde. In Amherst gibt es Poetrie walks, zu meinen Ehren. Der Nonne von Amherst.– ich.

Droste:
Die Blicke der Väter. Die Blicke der Männer. Die Blicke über mich – das Gerede zwischen Aasee und Schloss – Und immer diese Kommentare auf mein Leben Kommentare zu Nase und Locken Bemerkungen zu Liebesmöglichkeiten Entehrungen jeder Art. Ich habe keinen Ort, nur das Fürstenhäuschen zum Schweigen aller Arten. Sonst nur Nebenzimmer. Rückzüge Verweise.

Dickinson:
Ich schreibe zwischen – dazwischen. Zwischen mir und dem Leben. Verändern sich in meinem Jahrhundert die Zeichen? Die Männer bereiten Krieg vor; keine Revolutionen mehr. Kriege.
Ich seh dich – Auf nach Westfalen. Zu dir. Du Soldat in Rüschen. Hüstelnd – frierend.

Droste:
Mitternacht und immer weiter. Die Uhr schlägt eins.

Zwei. Drei. Die Uhr schlägt Vier. Und wie ein
Gletscher sinkt der Träume Land
Zerrinnend in des Horizontes Brand.

Dickinson:
The Dickinson Homestead and The Evergreens in Am-
herst will sponsor the annual Emily Dickinson Poetry
Der Spaziergang beginnt in meinem Garten.

Droste:
Nach mir sind Preise genannt. Das Rüschhaus wird be-
sichtigt. Da mein Schreibtisch, das Spinett. Das Fenster
über der Diele. Die Droste.
Sie schreiben über uns. Sie wissen nicht, was sie von
uns halten sollen –

Dickinson und Droste:
Ich sag dir, was ich gezahlt. Hundert Jahre.
Ich sag dir, was ich gezahlt. Eine Existenz.
Ich sag dir, was ich bekomme. Haut abgezogen, Schlitze
reingeschnitten und einen Himmelsblick.
Ich sag dir, draußen vergeht das Leben und wir sitzen
drinnen, gehen im Kreis und lassen uns den Atem rau-
ben.

*Anna Elisabeth Franzisca Adolphina Wilhelmina Ludovica Freiin von
Droste zu Hülshoff = Annette von Droste-Hülshoff 10. 1. 1797 – 24. 5.
1848*
Emily Elizabeth Dickinson 10.12 1830 – 15. 5. 1886

Annette von Droste-Hülshoff
Unruhe

Laß uns hier ein wenig ruhn am Strande,
Phöbos' Strahlen spielen auf dem Meere.
Siehst du dort der Wimpel weiße Heere,
Reisge Schiffe ziehn zum fernen Lande?

Ach! Wie ists erhebend sich zu freuen
An des Ozeans Unendlichkeit,
Kein Gedanke mehr an Maß und Räume
Ist, ein Ziel, gesteckt für unsre Träume.
Ihn zu wähnen dürfen wir nicht scheuen,
Unermeßlich wie die Ewigkeit.

Wer hat ergründet
Des Meeres Grenzen
Wie fern die schäumende Woge es treibt?
Wer seine Tiefe,
Wenn mutlos kehret
Des Senkbleis Schwere,
Im wilden Meere
Des Ankers Rettung vergeblich bleibt.

Möchtest Du nicht mit den wagenden Seglern
Kreisen auf dem unendlichen Plan?
O! Ich möchte wie ein Vogel fliehen,
Mit den hellen Wimpeln möcht ich ziehen,
Weit, o weit, wo noch kein Fußtritt schallte,
Keines Menschen Stimme widerhallte,
Noch kein Schiff durchschnitt die flüchtge Bahn.

Und noch weiter, endlos ewig neu
Mich durch fremde Schöpfungen, voll Lust,
Hinzuschwingen fessellos und frei,
O! das pocht, das glüht in meiner Brust.

Rastlos treibts mich um im engen Leben,
Und zu Boden drücken Raum und Zeit,
Freiheit heißt der Seele banges Streben,
Und im Busen tönts Unendlichkeit!

Stille, stille, mein törichtes Herz,
Willst du denn ewig vergebens dich sehnen?
Mit der Unmöglichkeit hadernde Tränen
Ewig vergießen in fruchtlosem Schmerz?

So manche Lust kann ja die Erde geben,
So liebe Freuden jeder Augenblick,
Dort stille, Herz, dein glühendheißes Beben,
Es gibt des Holden ja so viel im Leben,
So süße Lust und, ach! so seltnes Glück!

Denn selten nur genießt der Mensch die Freuden,
Die ihn umblühn, sie schwinden ungefühlt,
Sei ruhig, Herz, und lerne dich bescheiden,
Gibt Phöbos' heller Strahl dir keine Freuden,
Der freundlich schimmernd auf der Welle spielt?

Laß uns heim vom feuchten Strande kehren,
Hier zu weilen, Freund, es tut nicht wohl,
Meine Träume drücken schwer mich nieder,
Aus der Ferne klingt's wie Heimatlieder,
Und die alte Unruh kehret wieder.
Laß uns heim vom feuchten Strande kehren,
Wandrer auf den Wogen, fahret wohl!

Fesseln will man uns am eignen Herde!
Unsre Sehnsucht nennt man Wahn und Traum,
Und das Herz, dies kleine Klümpchen Erde,
Hat doch für die ganze Schöpfung Raum!

(1816)

aus: Droste-Hülshoff, Annette. Historisch Kritische Ausgabe. Werke
Band II. Gedichte aus dem Nachlass, Tübingen 1978 (Hrsg von Win-
fried Woesler), S. 171 f.; zitiert nach: Gödden, Walter (Hrsg.): Annette
von Droste-Hülshoff Lesebuch, Köln 2011 (Nyland Stiftung – Nylands
Kleine Westfälische Bibliothek Band 23), S. 9 f. (zusammengestellt von
Jochen Grywatsch) // online zugänglich in der Bibliothek Westfalica des
Landschaftsverbandes Westfalen-Lippe: www.bibliothek-westfalica.de

Stephie Abels
Unterwegs

Laß uns hier ein wenig ruhn am Strande,
Mühsal zehrt der Reiselust'gen Kraft.
Wär' nicht jetzt erholsam süßer Saft
still daheim im heimatlichen Lande?

Ach! Wie ist's erhebend sich zu freuen
an der Länder Vielfalt und Geschenken.
Reisen bildet, ist die laute Meinung
und fürwahr ist's eine Weitung:
And're Länder, and're Sitten seien
Zeiger, wie begrenzt das eigen' Denken.

Wer hat erfahren
der Welten Vielfalt,
welch' Farben das Leben im Erdenrund malt?
Wer konnt' bestaunen
der Länder Reichtum
wie Mensch und Natur
und reiche Kultur
der Tempel und Städte und Dome Gestalt?

Möchtest Du nicht auch mit leichten Koffern
reisend frei ein Sehnsuchtsleben führen?
Ja, ich will Libertas in New York zuwinken!
Früh in East Cape's Eos hineinsinken!
Barcelona und Gaudi bewundern,
Sushi am Mount Fuji und nicht hungern,
Niagara's Macht des Wassers spüren!

Und noch weiter, heiter, endlos, frei
möchte' ich suchen, fühlen, sehend lernen.
Grenzen hinterm Horizont wär'n neu.
O! die Sehnsucht ruft nach all den Fernen!

Rastlos treibt's mich um zu neuen Ufern
weiter, immer tiefer in die Welt.
Heimat, ruft das Herz mich Ferne Suchern,
wo ist, was mich fängt und hält?

Stille, stille, mein törichter Sinn,
glaubst etwa alles erobert zu haben?
Flüchtend verlier' ich die seligen Gaben,
die zu entdecken ich ausgezogen bin.

So mancher Ort will sich noch zeigen,
ist Highlight, das noch fehlt zum Glück.
Denn glücklich sein ist Ziel der Reisen,
so sei es! Musst es dir beweisen!
Es gilt kein Heimweh im Augenblick.

Und nirgends in der Welt, da sollst du darben,
hast, was du brauchst, dabei mit Sack und Pack.
Sei ruhig, Herz, und lerne dich bescheiden,
auch hier gibt's Saft in leuchtend bunten Farben,
mit süßem und verführendem Geschmack.

Lass uns heim vom fremden Strande kehren,
dürstend finde ich mich immerwährend.
»Wurzeln, Flügel« höre ich sie sagen.
Flügel fliegen, und doch bleiben Plagen:
Festen Halt die suchenden Wurzeln erfragen.
Lass uns heim vom fremden Strande kehren,
nur daheim ist Nahrung wirklich nährend.

Freiheit sagt: Zieh in die Welt! Gedeckelt
werden wir subtiler heutzutage.
Heimat, Herz, bleib bei mir, eh' ich dich vor
lauter Reisen als perdu beklage.

Christiane Antons
Brief an die unruhige Wilhelmina

Westfalen, im September 2024

Meine liebe Wilhelmina,
warum wähle ich einen deiner Zweitnamen als Ansprache meines Briefes? Weil alles in ihm steckt, was ich dir heute mit auf den Weg geben möchte. Doch zunächst danke ich dir für dieses wundervolle Gedicht, das einmal mehr zeigt, mit wie viel Talent du gesegnet bist. Achtzehn Jahre bist du jung und das Potential und die Klugheit, die ich in deinen Zeilen lese, lassen mein bedeutend älteres – aber manchmal ebenso unruhiges – Herz aufgehen.
Der Name deines Gedichts ist Programm. Du bist rastlos, hin und her gerissen und an einigen Stellen regelrecht empört mit !
Und soll ich dir etwas sagen? Du hast jedes Recht dazu. Rede deine Unruhe nicht klein, beschwichtige deine Empörung nicht, sondern nutze sie als Antrieb!
Wilhelmina setzt sich aus dem althochdeutschen Begriff für *Wille* und aus *Helm* für Schutz zusammen. Man kann den Namen mit *Die Entschlossene* übersetzen.
Du weißt selbst, dass dein Herz nicht töricht ist, sondern leider nur seiner Zeit voraus. Bedeute ihm nicht, still zu sein, denn es schlägt für die richtige Sache, liebe Wilhelmina.
Wir brauchen Frauen wie dich. Wir brauchen Menschen wie dich.
Menschen, die mit einem ! für ihre Werte einstehen, für Gleichberechtigung und das Recht, über den eigenen Lebensweg selbst zu entscheiden. Menschen, die gleichzeitig ? setzen, ernsthaft und konstruktiv in den Diskurs gehen. Ich sehe einige ! und ebenso viele ? in deinem Text und feiere das sehr.
Ich möchte auch schonungslos ehrlich zu dir sein: Du wirst einen langen Atem benötigen, bis niemand mehr die Frauen an den Herd fesseln will, bis sie frei ihren Weg gehen können. Ich schreibe dir über 208 Jahre hinweg und gebe dir eine kleine Zwischenbilanz (Taschentücher zur Hand?):
Ganze 161 Jahre (!) wird es von jetzt an noch dauern, bis

die sogenannte »Hausfrauenehe« abgeschafft wird und eine Ehefrau selbst entscheiden darf, ob sie arbeiten möchte.

Weitere zwanzig Jahre müssen die Frauen darauf warten, dass eine Vergewaltigung in der Ehe als Verbrechen gilt und juristisch verfolgt werden kann.

Bis Frauen das Wahlrecht in Deutschland erhalten, werden noch 102 Jahre vergehen.

All dies wurde erreicht, weil Menschen wie du nicht willens waren, sich bescheiden zu lernen und hinter dem Herd zu bleiben.

Wir brauchen Frauen wie dich. Wir brauchen Menschen wie dich. Wir brauchen weiterhin Unruhe.

Wie es bei uns aktuell mit der Gleichberechtigung aussieht, fragst du dich sicherlich. Auch wenn ich keine Freundin von Zahlen bin, lasse ich in solchen Fällen gerne welche sprechen – denn sie zeigen die Fakten auf und keine Meinung:

Es gibt nach wie vor eine *Gender Care Gap*. Das bedeutet, dass Frauen noch immer mehr Zeit für unbezahlte Sorgearbeit aufbringen – täglich gut 44 Prozent. Konkret sind das 79 Minuten pro Tag oder knapp zwei Folgen *Steel Buddies*. Das bedeutet für Frauen nicht nur weniger Zeit pro Tag für ihre Arbeit oder Freizeit, sondern hat weitreichende Konsequenzen wie schlechtere Altersabsicherung oder niedrigere Karrierechancen.

Bei der *Gender Pay Gap* – also dem Abstand zwischen dem Entgelt der Männer und dem der Frauen – liegen wir 2023 bei immer noch sechs Prozent. Bedeutet:

Der Mann bekommt pro Stunde sechs Prozent mehr Lohn, weil er ein Mann ist.

Und weißt du, was mir Sorgenfalten auf die Stirn treibt? Die nächste Fahrt geht anscheinend rückwärts: Ein Artikel der *Financial Times* hat herausgestellt, dass es hierzulande bei der jetzigen jungen Generation eine Spaltung in Einstellung und Lebensentwürfen gibt, die erschreckend groß ist: Junge Frauen sind um 30 Prozentpunkte liberaler eingestellt als die häufig konservativen jungen Männer.

Politisch sieht es auch alles andere als rosig aus. Es gibt hier eine unsagbare Partei, die ein reaktionäres Frauenbild feiert und trotzdem – oder deshalb? – viel Zustimmung erhält.
Wir brauchen Frauen wie dich. Wir brauchen Menschen wie dich. Wir brauchen weiterhin Unruhe. Werde nicht müde, liebe Wilhelmina. Bewahre dir deine Neugierde und deine Sehnsucht. Lass dir nicht einreden, dass du dich zufriedengeben musst – weder von der Familie noch von Männern, egal ob sie Grimm oder sonst wie heißen. Die kacken auch nur in Keramik. Lass. dir. nicht. den. Mund. oder. deine. Kunst. verbieten!
Wenn du magst, geselle ich mich das nächste Mal mit einem Feierabendbierchen zu dir an den Strand, genieße gemeinsam mit dir den Tanz der Sonnenstrahlen auf dem Meer und rede dir gut zu, damit du für die nächste Unruhe Kraft tanken kannst. Haben wir ein Date?

Bis dahin fühl dich herzlich umarmt.
#womensupportingwomen

Melanie Babenhauserheide
Beruhigt das Selbstwertgewühl aufräumen

das Herz kein Klumpen Erde
mit Förmchen sauber ausgestochen
und bündig glitzernd angemalt
wer braucht schon brennende Organe
Träume schwer gar schmerzender Natur
ein Ziehen und ein Wehen
von alledem was fehlt

das Herz bescheiden
zufrieden im Vermessen
die Sehnsucht sorgfältig verpackt
der eigne Herd als Ziel des Reisens
wenn vom Horizont nichts bleibt
als Drohen Dräuen Schüsse
(am feuchten Strande spülen Wellen Leichen an)
Habgier schlägt den Spatz entzwei
worauf ›ich‹ Lust hab'
worauf ›ich‹ Lust mag
welkt schrumpelnd aus
wie bräunliche Rosinen
zugunsten Sicherheit im Neid
vermeidend Mangel Not Mord Leid
und das neue Wandtattoo
beschwört die heitren Träume nur

Julia Baldauf
Fernweh zu den Sternen

»Lass uns hier eine kurze Pause machen«, sprach sie zu den Steuerelementen ihres Raumschiffes.
Vor einem Sichtfenster ihres kleinen Raumfrachters erschien »Phobos«, ein Mond des Mars, den die Instrumente des Schiffes klar benannten.
Größere Raumschiffe zogen vorüber, in die ihr unbekannte Weite des Alls.
Ein Ziehen breitete sich in ihrem Herzen und ihrer Seele aus.
Unendliche Weiten.
Dorthin wollte sie reisen.
Wer bereiste das All bis an die Grenzen des menschlich Möglichen?
Wer erkundete den Aufbau von allen Dingen?
Sie hatte Sehnsucht danach, wie die anderen zu fernen Winkeln zu fahren, auf einem Himmelskörper zu landen, auf dem noch kein Fußtritt schallte, auf dem noch nie zuvor ein Mensch gewesen war. Einen fernen Ort zu besuchen, den noch nie ein Raumschiff angesteuert hatte.
Weite und Freiheit entfachten ein loderndes Feuer in ihrem Herzen.
Ein Sehnen, wie es kein zweites gab.
Ein Drängen.
Rastlos durch Raum und Zeit.
In ihr tobte das Verlangen nach den unendlichen Weiten, die sich vor ihr erstreckten.
Sie unterdrückte die Tränen und die Trauer, gemahnte ihr Herz zur Ruhe.
Wollte sie sich ewig nach dem Unmöglichen verzehren?
Für immer verharren in diesem furchtbaren, fruchtlosen Schmerz?
»Ein bisschen Freude kann es auch auf der Erde geben«, sprach sie ihr Mantra, bis sie sich selbst einbildete, diesen Satz zu glauben.
An diese Freuden wollte sie ihr Herz hängen.
Sie dachte daran, wie selten Menschen das Glück, das sie umgab, erkannten.
Schluckte ihre Gefühle hinunter.
Vergrub ihre Wünsche.

Tief.
Versuchte sich mit ihrer ausweglosen Situation zufrieden zu geben. Nicht mehr vom Leben zu verlangen, als es ihr zustand.
»Lass uns nach Hause fliegen, treues Schiff. Von fernen Welten träumen, weckt nur Trauer in mir. Das alte Fernweh kehrt zurück. Gefesselt nah des eigenen Planeten. Sehnsucht, fast wie Wahn und Traum«, klagte sie.
»Freiheit, die gibt es nur für die anderen«, flüsterte sie, »Freiheit, ich liebe nur dich.«
Leise und melancholisch summte sie im Einklang mit den Geräten des Raumschiffes.
Zeigte der Freiheit entgegen ihrer Sehnsucht (ihres Verlangens) die kalte Schulter, steuerte ihr Raumschiff in Richtung eines kleinen Klümpchens namens Erde und kehrte zurück »nach Haus«.

Nicole Drude
Maimaid

Die Bäume spreizen ihr
zartestes Grün weit von sich
schwimme ich durch weiche Luft
nur die Rosendornen, die
sich in meiner Haut verhaken
knospenlos noch
eine Wand aus Mai vor mir
und Du im Raum dahinter
verbindungslos wächst sie
breiter und breiter und
belaubt sich immergrün
wenn ich an Dich denke
an Dich denke, an Dich dachte
bevor ich Dich kannte
aber kenne ich Dich?
Das muss ich verneinen und
warte auf Dich im
grünen Geviert aus Zeit

Nicole Drude
Verblühender Agapanthus vor dem Stahlbadehaus
Gräflicher Park Bad Driburg

Des Lächelns müde
am Spätnachmittag
des Jahres, zertanzte
Schuhe am Ende
der Ballsaison,
Blütendolden hängen
über wie müde
Zeilen eines letzten Briefes
Extrakt des Sommers
gepresst wie im Herba-
rium geht in die
Samenkapseln ein,
die ruhen und ruhen
und reifen um aufzu-
springen für die neue
Saat
Natur faltet lila
Origami, tausend
Gehänge die tausend
Wünsche erfüllen,
die ich hege
für die Zeit des Wartens,
die es gibt und
die voran geht
der Zeit des Tuns,
Lila ist keine Farbe,
sondern ein letzter
Versuch fallen die
Gehänge zu Boden
Wer hört meine Wünsche?
Ihre Erfüllung
ein Fluch?
Du bist verdammt
zu blühen im
nächsten Sommer
und wieder und wieder
wird es geschehen

Sabine Hippel
Das Deine ist, was ich meine.

Sprache vermag das, also sag was!
Nicht ein Schimmer und lauter Zimmer.
Die Worte zerfließen, wie sie hießen?

Finde eine Ebene, frei als Untergebene!
Nie und nimmer, nicht für immer.
Bring den Verstand über das Land.

Drängt die Zeit, sei jetzt bereit.
Das eigene Denken kannst Du lenken.
Nimm es an, was sie kann.

Sabine Hippel
Sie, Ihr, Du und ich, also wir?

Ihr Gedicht ist der Raum und das Ende des Raums ist ihr Tor zur Welt.
Gehe ich in den Raum, folge ich ihrer literarischen Spur.
Ihre Unruhe und die Unfreiheit ihrer Worte ergreifen mich.
Sie hat es gewusst. Sie hat es gewagt. Sie hat es gesagt.
Ihr Schreiben war ihr Handeln.
Sie wusste, was sie gab.

Was hat sie Euch zu sagen?
Über ihr Leben, ihr vergebliches Streben nach mehr.
Abgetragene Lebenszeit in ihren Kleidern und Haaren.
Seht sie Euch an. Was habt Ihr getan?
Die Zeit geht mit dem Raum.
Zurückschauen, verstehen. Sie bleibt mit der Zeit.
Wir haben den Tag und die Form. Wir sind Raum und Zeit.
Beschämt sie mit ihren Worten. Es ist alles gesagt.
Wir sind mehr als Ihr: Sie, Du und ich.
Begrenzt durch Wissen, Können und Wollen.
Unser Denken sprengt unsere Grenzen.
Wer eingesperrt ist, muss auch hinauswollen, wenn das Tor geöffnet ist.

Nur dann sind wir frei: Sie, Ihr, Du und ich.

Marlies Kalbhenn
Unruhe II
Pausentraumgedicht einer Siebzehnjährigen

Ich möchte auf dem Seil im Zirkus tanzen
und auf der Bühne mich als Ballerina drehn.
Ich möchte Blumen, die nie welken, pflanzen
und einmal unsre Welt vom Mond besehn.

Ich möcht die Welt umsegeln, möchte fliegen
mit einem Flickenteppich oder Jet.
Ich möchte später sieben Kinder kriegen
und einmal, einmal singen in der »Met«.

Ich möchte nie mehr an den Nägeln kauen
und schreiben, wie noch niemand schrieb.
Ich möcht die höchste, längste Brücke bauen.
Ich möcht, dass jemand sagt: »Ich hab dich lieb.«

Ich möchte einmal in der Südsee tauchen,
und einmal den Mount Everest erklimmen.
Ich möchte »brauchen« nie mehr ohne »zu« gebrauchen
und bei der Bundestagswahl mitbestimmen.

Ich möchte Ärztin sein in Afrika
und jedem Kind beistehn, das arm und krank.
Ich möchte nächtelang nur Cha-Cha-Cha
– am liebsten mit dir – tanzen, Frank!!!

Ich möchte vieles. Nein, ich möchte alles.
Doch leider ist die Pause schon vorbei ...
Den richtigen Gebrauch des zweiten Falles,
des Genitivs, erklärt uns jetzt Herr Mey.

Kathrin B. Külow

flüsse mit klingenden namen
wie mit schellen geschmückt
im ort wohnen dreihundert seelen
hier stiegen zehntausende aus zügen
sie kehrten nie wieder
rufen wir so bleibt die landschaft stumm
nur der fluß flüstert über grünende ufer
birken und rüster schilf
hinter der biegung spannt der himmel
sein blau ins meer

Eline Menke
Sommerfelder

Kein Gedanke mehr an Maß und Räume

Aus diesem Kreisen kommt niemand heraus,
die Sonne dreht Zuckerwatte aus der Luft,
über den Feldern bauscht sich Schweigen auf,

wo Worte noch reifen in tiefen Räumen,
gekühlt von Dunkelheit, leckt Wasser
an den Wurzeln der Stunden.

Vom Großen und Ganzen ist hier die Rede,
hinüberschmelzend in Schichten
und schleichende Tage.

Alles fließt ineinander, wenn du
aus heuwarmen Sommern gleitest
auf flüssiges Stroh.

Kordula Schimke
Kinder ohne Zukunft

Januar 1883
Paul, 12 Jahre alt
geht mit Mutter an Bord.
Hunger im Bauch
Hoffnung als Gepäck
Entbehrungen bestimmen den Tag
Kein Land in Sicht...
...die Cimbria sinkt.

April 1912
Steven, 10 Jahre alt
geht mit Mutter an Bord.
Hunger im Bauch
Hoffnung als Gepäck
Entbehrungen bestimmen den Tag
Kein Land in Sicht...
...die Titanic sinkt.

Januar 1945
Gustav, 8 Jahre alt
geht mit Mutter an Bord.
Hunger im Bauch.
Hoffnung als Gepäck
Angst im Nacken.
Enge bestimmt den Tag
Kein Land in Sicht...
...die Gustloff sinkt.

April 1945
Horst, 5 Jahre alt
geht mit Mutter an Bord
Hunger im Bauch
Hoffnung als Gepäck
Angst im Nacken
Kinder weinen
Kein Land in Sicht...
...die Goya sinkt.

Juni 2020
Niam, 14 Jahre alt
geht ohne Mutter an Bord
Hunger im Bauch
Hoffnung als Gepäck
Kein Land in Sicht....
...das Boot sinkt

Sommer 21,22,23
Land in Sicht...
....   und im Mittelmeer,
     die Boote sinken ....

CHRISTIAN DIETRICH GRABBE

Christian Dietrich Grabbe
Don Juan und Faust [Auszug]

Erster Akt

Zweite Szene

Rom. Zimmer des Doktor Faust auf dem Aventin.
Eine Lampe brennt.

Faust *(erhebt sich vom Schreibtische).*
[...]
– O Deutschland! Vaterland! Die Träne hängt
Mir an der Wimper, wenn ich dein gedenke!
Kein Land, das herrlicher als d u, kein Volk,
Das mächtger, edler als wie d e i n e s ! Stolz
Und stark, umkränzt von grünen Reben, tritt
Der Rhein dem unverdienten Untergang
In Niederlandens Sand entgegen, – kühn
Und jauchzend, stürzt die Donau zu dem Aufgang –
Unzählge deutsche Adern rollen grad
So stolz und kühn als Deutschlands Ströme! – Schau,
Hoch über dem eiszackigen Gebirg
Tirols, erhebt der Adler sich zur Sonne,
Als wäre da sein heimatlicher Horst, –
Die Berge schrumpfen unter seinem Blick
Zu Stäubchen ein, – tief unten aber in
Tirols beengten Tälern, schlägt für Kaiser
Und für Ehre manches Herz weit höher als
Der Adler wagt zu steigen –
                                          Selbst dies Rom,
Wer wars der diesen Käfig brach, in dem
Die Nationen römisch erst, und dann
Papistisch siegen lernten? Ha, hier war es,
Wo Alarichs, des gotischen, wo Karls,
Des fränkschen Landsmanns, wo der Hohenstaufen
Siegsrauschende Paniere flatterten,
Geliebkost von der heißen Luft, die einst
Die Kön'ge tötete!

Hier ist es, wo
Sankt Peters Kuppel sich emporgewölbt,
Den Blick der Menschheit ins Endlose auf-
Zufangen, – schmählich jetzt geborsten vor
Dem Donnerrufe, der aus Wittenberg,
Aus meiner Vaterstadt, aus Luthers Munde,
All meiner Zeitgenossen größten, über
Die Alpen furchtbar herklang!
                    – Und – doch o doch! –
Auch Luther, du! den W a h n hast du verjagt,
Zermalmt, zernichtet hast du wie der Blitz,
Nur etwas a n d r e s, W a h r h e i t, die besteht,
Beruhigt, hast du nicht gegeben – Offner
Als je tut sich vor dem enttäuschten Auge
Die Tiefe auf – Zertrümmern, mit den Trümmern
Ein Trümmerwerk erbaun, das kann der Mensch,
Das kann er mit den Körben oder Eimern,
Durch die er Stein zum Steine, Tropfen trägt
Zum Tropfen, die er Kunst und Wissenschaft
Benennt!
          Aus N i c h t s schafft Gott, wir schaffen aus
R u i n e n ! Erst zu Stücken müssen wir
Uns schlagen, eh wir wissen, was wir sind
Und was wir können! – Schrecklich Los! –
                       – Doch sei's!
Es fiel auch mir und folg ich meinen Sternen! –
Deutschland! Vaterland! – und nicht einmal
Im Schlachtfeld konnt ich für dich kämpfend fallen –
Du bist Europas Herz – ja ja, z e r r i s s e n,
Wie nur ein H e r z es sein kann!
                    – – R o m a du!
Dem Vaterland entfloh ich, als es mich
Nicht konnt befriedigen, – Ich floh zu dir,
In mir d i e g a n z e M e n s c h h e i t aufzunehmen,
Und mich in dem Genuß zu sättgen, […]
                    Roma, Herrscherin

Der Welt! Weh, dreimal Weh ihm, der gleich mir
Zu dir gekommen, daß du ihn erhebest!
Die Reiche alle sanken hin vor dir zu Staub
– W a r u m ? weiß niemand! [...]
           Haben denn die Schlachten,
Hat der Ruin der Völker nur den Zweck
Von Märchen, die erfunden zur Belehrung?
Sind W e l t b e g e b e n h e i t e n weniger
Als W e l t g e s c h i c h t e ? Jammer über uns!
Denn die Geschichte hat die Menschheit nie
Gebessert! – Nur ein Don Juan vermag
Inmitten unter der Zerstörung Lava
An M i l l i o n e n Blumen sich vergnügen,
Und nicht bedenken, daß es v i e l e zwar,
Doch alle auch v e r g ä n g l i c h sind, [...]

aus: Grabbe, Christian Dietrich: Don Juan und Faust. eine Tragödie von
Grabbe, Frankfurt/Main 1829 [entstanden 1828/29, Uraufführung 1829];
zitiert nach: Grabbe, Christian Dietrich: Werke. Erster Band, Emsdetten
1960, S. 432 ff.

Christian Reinöhl
Hätte Faust seine Interpretation durch Grabbe
begrüßt?

Der historische Faust hat wohl im 16. Jahrhundert in Knittlingen gewohnt, was von Wittenberg (das Grabbe als seinen Geburtsort angibt) dann ja doch eine ganze Ecke entfernt ist... Aber egal, Faust hat ja sowieso noch ein Wohnhaus in Prag, auch ein touristisches Ziel für Kulturbeflissene, die sich mit leichtem Schaudern an der Sage ergötzen, wie der Doktor seine Seele dem Teufel verschrieben hat, und er ist sowieso angeblich so durch die Welt gestreunt, dass er überall zuhause sein darf. Möglicherweise ist Faust trotzdem der deutscheste aller Sagenhelden, paradox, aber wahr. Nachdem sein Stoff von Puppenspielern und von Marlowe bearbeitet wurde, wurde er nämlich durch Goethe unsterblich gemacht, dessen große Leistung es unter anderem war, aus dem regional verankerten wissensdurstigen Zauberer einen Weltbürger zu formen, der quasi als Urmann/Urmensch nach dem Lebenssinn sucht. Grabbe macht insofern einen Schritt zurück, wenn er aus Faust wieder einen explizit Deutschen macht, der nicht nur an seinem Schicksal, sondern auch an seinem Land verzweifelt. Selbst wenn Grabbe damit dem ursprünglichen Sagenstoff vielleicht näher kommt als sein verhasst-bewunderter, jedenfalls so viel erfolgreicherer Rivale, bleibt die Frage, ob er Faust damit einen Gefallen getan hat.
Was zeichnet Grabbes Faust aus? Auch er sucht Sinn und Wahrheit im Leben – und findet beides nicht, weil er sich letzten Endes mehr oder weniger auf seine irdischen Gelüste beschränkt, mag er auch noch so groß tönen, Glauben und Wissen seien die beiden Eckpunkte seiner Forschung, die er beide zu vereinen suche, wenngleich ihm diese Aufgabe unmöglich scheint, trotz all seiner Anstrengung und trotz der höllischen Hilfe, die er in Anspruch nehmen will. Aber dabei bleibt er eben heimatverbunden, deutschlandverbunden, kein allgemein strebender Mensch, sondern ein strebender Deutscher, der alle Klischees über seine Herkunft gnadenlos erfüllt. Fassen wir zusammen:

1) Er schwärmt in höchsten Tönen von seinem Vaterland und identifiziert sich völlig mit ihm.

2) Er fühlt sich allen anderen grenzenlos überlegen.

3) Er leidet an der behaupteten Übergröße seines Landes.

4) Er schwankt zwischen melancholischer Selbstzerfleischung und Weltekel hin und her.

5) Er hat das Gefühl, mehr zu vollbringen und zu können als jeder Ausländer.

Ist das sympathisch? Objektiv gesehen wohl eher nicht... aber natürlich hat es ein echter Held nicht nötig, um Wohlwollen zu werben, und wenn er sich dem Teufel verschreibt, geht es ihm voraussichtlich auch nicht wirklich darum, Sympathiepunkte zu ernten... Ist sein Gebaren deutsch? Zumindest, wenn man sieht, wie alle anderen uns sehen... vermutlich ja, und ist ja schon eine große Leistung Grabbes, den tragischen großen Helden wieder so einzudeutschen... Und trotzdem frag ich mich: Ist ein Faust, der versucht, das Menschliche zu finden, der danach strebt, irgendwie glücklich zu sein, nicht ein dankbareres Thema als ein nationalistischer Vollidiot mit viel zu großen Ambitionen? Grabbe war ein toller Schriftsteller, aber sein Faust ist viel kleiner als Goethes, weil er nur in einem eng umrissen Kontext gedacht werden kann... und das finde ich schade.

Rudolf Schimke
Lyrischer Dialog mit A. v. Droste-Hülshoff und C. D.
Grabbe gescheitert
Oder
Warum nicht Heine

Ist es unsere Sprache
Die Sprache meiner Welt?
Ist es noch das gleiche Denken?
Das Denken, das uns heut' umgibt?

Es ist die gleiche Sprache
Wenngleich von Patina durchdrungen
Doch die Gedanken, die sind fremd
Rührselig und mit ganz viel Windungen gedacht

Und dann der hemmungslose
Von irrer Begeisterung getragene
Unerträgliche Nationalismus!
Diese Lektüre macht mir Schmerzen

Ach, warum nicht Heine?
Seine Lyrik, tief empfunden
Und doch schlicht und ehrlich
Warum nicht Heine?

Christian Dietrich Grabbe
Scherz, Satire, Ironie und tiefere Bedeutung [Auszug]

Zweiter Akt
Zweite Szene

Rattengifts Zimmer

Rattengift *sitzt an einem Tische und will dichten*
Ach, die Gedanken! Reime sind da, aber die Gedanken, die
Gedanken! Da sitze ich, trinke Kaffee, kaue Federn, schrei-
be hin, streiche aus, und kann keinen Gedanken finden, kei-
nen Gedanken! – Ha, wie ergreife ichs nun? – Halt, halt!
was geht mir da für eine Idee auf? – Herrlich! göttlich! eben
über den Gedanken, daß ich keinen Gedanken finden kann,
will ich ein Sonett machen, und wahrhaftig dieser Gedanke
über die Gedankenlosigkeit, ist der genialste Gedanke, der
mir nur einfallen konnte! Ich mache gleichsam eben darü-
ber, daß ich nicht zu dichten vermag, ein Gedicht! Wie
pikant! wie originell!
   Er läuft schnell vor den Spiegel
Auf Ehre, ich sehe doch recht genial aus!
   Er setzt sich an einen Tisch
Nun will ich anfangen!
   Er schreibt
   Sonett.
Ich saß an meinem Tisch und kaute Federn,
So wie – –
Ja, was in aller Welt sitzt nun so, daß es aussieht wie ich,
wenn ich Federn kaue? Wo bekomme ich hier ein schickli-
ches Bild her? Ich will ans Fenster springen und sehen, ob
ich draußen nichts Ähnliches erblicke!
   Er macht das Fenster auf und sieht ins Freie
Dort sitzt ein Junge und kackt – Ne, so sieht es nicht aus! –
Aber drüben auf der Steinbank sitzt ein zahnloser Bettler
und beißt auf ein Stück hartes Brot – Nein, das wäre zu
trivial, zu gewöhnlich!
Er macht das Fenster wieder zu und geht in der Stube umher

Hm, hm! fällt mir denn nichts ein? Ich will doch einmal alles aufzählen, was kauet. Eine Katze kauet, ein Iltis kauet, ein Löwe – Halt! ein Löwe! – Was kauet ein Löwe? Er kauet entweder ein Schaf, oder einen Ochsen, oder eine Ziege, oder ein Pferd – Halt! ein Pferd! – Was dem Pferde die Mähne ist, das ist einer Feder die Fahne, also sehen sich beide ziemlich ähnlich –

Jauchzend

Triumph, da ist ja das Bild! Kühn, neu, calderonisch! Ich saß an meinem Tisch und kaute Federn, So wie *indem er hinzuschreibt*

der Löwe, eh der Morgen grauet,

Am Pferde, seiner schnellen Feder kauet –

Er liest diese zwei Zeilen noch einmal laut über und schnalzt mit der Zunge, als ob sie ihm gut schmeckten

Nein, nein! So eine Metapher gibt es noch gar nicht! Ich erschrecke vor meiner eignen poetischen Kraft!

Behaglich eine Tasse Kaffee schlürfend

Das Pferd eine Löwenfeder! Und nun das Beiwort »schnell«! Wie treffend! Welche Feder möchte auch wohl schneller sein als das Pferd? – Auch die Worte »eh der Morgen grauet!« wie echt homerisch! Sie passen zwar durchaus nicht hieher, aber sie machen das Bild selbstständig, machen es zu einem Epos im kleinen! – O, ich muß noch einmal vor den Spiegel laufen!

Sich darin betrachtend

Bei Gott, ein höchst geniales Gesicht! Zwar ist die Nase etwas kolossal, doch das gehört dazu! Ex ungue leonem, an der Nase das Genie!

[...]

aus: Grabbe, Christian Dietrich: Scherz, Satire, Ironie und tiefere Bedeutung. Ein Lustspiel in drei Aufzügen, Leipzig 1872 [entstanden 1822, Uraufführung 1907]; zitiert nach: Grabbe, Christian Dietrich: Werke. Erster Band, Emsdetten 1960, S. 239 f.

Helmut Blepp
Vom schlechten Gedicht

Ich habe ein schlechtes Gedicht geschrieben
und habe mir darüber ein Urteil erlaubt:
Es wäre besser ungeschrieben geblieben,
bevor es jetzt in einer Lade verstaubt.

In diesem Schubfach zu Grabe getragen,
muss es ruhen, während die Zeit vergeht,
bis welche kommen, die Lektüre zu wagen,
und es mit seinen Leidgenossen aufersteht.

Schlechte Gedichte sind wie guter Wein.
Sie benötigen Jahre der Reife.
Und versauern sie nicht, munden sie fein,

wenn ich ihren Geist ruhig atmen lasse
als Aromen aus verborgenem Fasse,
sobald ich ihre Schönheit begreife.

blumenleere
dem abgekauten wiederkaeuen

schau in das andre den spiegel des deinen
oder auch verhalten ebenso umgekehrter
wenn du die assoziationskette aufspannst
verbinden sich ein witz & ersatzgestalten
um durch wahlweises ersetzen einzelner
oder besser mehrerer ursprungselemente
ein amuesantes vexierspiel zu realisieren
dichtung halt wer kennt die raffinierteren
huetchenzaubertricks & eigentlich beinah
gleichgueltig in einer aera als das symbol
beziehungsweise das zeichen noch genau
der sache entsprach auf die es sich bezog
wurde durch verfremdung keine wahrheit
zerstoert sondern lediglich vorhang ueber
vorhang aufgezogen um starkes gelaechter
zu provozieren wenn ersichtlich geworden
war woher jener wind denn diesmal wehte
o & gluecklicherweise hat sich noch nicht
ganz & ueberall rumgesprochen dass wir
laengst im ultrabannkreis des hyperrealen
erloeschen & so wagen manche personen
nach wie vor das rad der lyrik ruppig rau
& vor allem fast praesemiotisch sozusagen
neu zu erfinden & ohne es zu ahnen quasi
ururalte kamellen wieder aufzuwaermen

Ein Gedicht soll es werden, ein lustiges noch dazu, eine Tiermetapher; kauen – käuen, Kuh. Sieben Mägen und nie ist man fertig mit Extrahieren und Verdichtung. Dazu ein Spiegel ... sich unter Applaus an der Nase herum durch die Manege führen.
Schaut, das habe ich mir ganz alleine in meinen Einge-weiden zusammenruminiert. Gebt mir eine Feder und ein Zückerchen Aufmerksamkeit und ich mach's! Ich kann mir das leisten, denn ich habe einen Brotjob, die Weisheit mit Löffeln gefressen und etwas zu wenig Scham.
Auch eine Performance könnte ich beifügen, wild schrei-en, mit mir selbst raufen unter aller Augen. Ich werde die She-Hulk der Kultur. Ihr mögt es doch, wenn jemand an eurer Stelle mal so richtig außer sich gerät.
So trete ich gewissermaßen altruistisch an euch ab durch meinen Auftritt – publike Psychoanalyse. Ich tu alles, ich schwöre, für den Glanz in euren Augen. Ich nehm auch eure Fremdscham oder Schadenfreude, Hauptsache, es ist echt – das wollt ihr doch: Authentizität!
Oder aber ich weide mich in Resignation und zermalme mein Ego vor euch wieder und wieder – stoische Heldin der Geworfenheit. Wiege alles nur im Innern wie die hei-lige Jungfrau der Rindviecher. Dabei schaue ich euch ironisch mit meinen Kuhaugen direkt in die Seele und sende euch meine Schwere in die Spiralkanäle. Selbst Rücken kann ich wieder hip machen!

Cornelia Ertmer
Der geniale Dichter

Wenn es nicht immer schon mein Lieblingsstück gewesen wäre. Wenn ich nicht immer schon diese hinterfotzigen wie w-irren Gedanken mit ihrem Augenzwinkern geliebt hätte. Scherz. Nein! Satire! Ach Quatsch! Ironie!

Ich wäre gern der kleine Teufel, der aus der Hölle gejagt wird und in hochsommerlicher Hitze frierend von Naturhistorikern entdeckt wird und mit den Menschen seinen Schabernack treibt. Ach ja.

Stattdessen sitze ich an meinem Laptop und sinne über Grabbe nach, dieses enfant terrible, diesen Säufer und genialen Dichter. Fordernd, auffordernd, überfordernd. War es Grabbes Glück, hinter Gittern geboren zu werden und früh die eigenen Grenzen zu erleben? Wohl kaum, fühlte er sich doch zwischen der bürgerlichen Wohlanständigkeit und dem grenzenlosen Künstlertum hin und her gerissen und reüssierte zu Lebzeiten, man verzeihe mir dieses ungebräuchliche Wort, weder in seinem Brotberuf, der Juristerei, noch als Theatermensch und -dichter (Heute wissen wir es besser.). Von allem immer zu viel oder zu anders. Grabbes Leben ein Drama. Grabbes Dramen Systemsprenger, in Form und Inhalt.

Grabbe, ein genialer Dramendichter. Frech, rücksichtslos kritisch und sehr unterhaltsam nimmt er mit spitzer Feder die damaligen gesellschaftlichen und politischen Verhältnisse aufs Korn. Wenn man seine Stücke schon nicht aufführt, weil sie zu ausufernd sind in Sprache, Material und Personal, so kann man sie doch lesen. Mit Vergnügen. Besonders *Scherz, Satire, Ironie und tiefere Bedeutung.* Mit verteilten Rollen. Auf dem Tisch sitzend oder auf dem Boden. Im Kreis. Oder einander gegenüber. Ein mehr oder weniger zerfleddertes Reclamheftchen auf den Knien. Für eine szenische Lesung bedarf es keiner Theater-Ausbildung. Aber jede Art von Begeisterung ist willkommen. Es darf gestikuliert, geschrien, geröchelt, geflüstert und natürlich auch gelacht werden. Um den Witz zu erfassen, braucht es lediglich ein wenig Fantasie und

Vorstellungsvermögen. Wie amüsant die Geschichte, in der der Tobies, der ehrgeizige Bauer, sein tumbes Gottliebchen dem Schulleiter als Genie empfiehlt. Mindestens Pastor soll er werden. Der Weg zum Genie? *Maul halten.* Parallelen zur Gegenwart? Wie war das noch mit den hochbegabten Kindern? Ach ja, und der kleine Teufel, der wegen des Hausputzes von seiner Großmutter aus der Hölle gejagt wurde, der alle durchschaut und mit der Wahrheit an der Nase herumführt und dem Dichter Rattengift schmeichelt, um ihn von seinem Pferdefuß abzulenken (Natürlich gelingt ihm das. Wer ist nicht empfänglich für Schmeicheleien?). Rattengift, welch sprechender Name! Da springt die Fantasie doch im Sechseck. Köstlich die Situation, in der wir dem Dichter beim Dichten zuschauen dürfen.

Lächerlich nur scheint Rattengifts Versuch, ein Sonett zu schreiben mit Metaphern, die er erst noch erfinden muss (was ja dem Zweck einer Metapher zuwider läuft). Leider sind die gestalterischen Möglichkeiten des Möchtegerndichters begrenzt. Der Blick aus dem Fenster auf einen kackenden Jungen und einen zahnlos kauenden Bettler hilft ihm da auch nicht weiter. Aber dann. *Was kauet.* Nicht nur er auf der Feder, sondern ein Löwe kauet. Was? Ein Pferd. Von da ist es nur ein kleiner Schritt vom Löwen zum Pferd, zum Pferdeschweif zur Feder und ein großer zur Metapher: *Das Pferd eine Löwenfeder.* Nennt man so etwas nicht frei assoziieren? Vielleicht wäre Grabbe heute Professor für *creative writing* und brächte seinen Student:innen bei, wie man aus dem Nichts einer Idee einen Text schreibt, der so unverständlich ist wie genial. Bilder, die sich den Lesenden nicht erschließen, deren Sinn und tiefere Bedeutung trotz aller Bemühungen verborgen bleiben, reizen den Geist, einen Zusammenhang sogar da herzustellen, wo keiner ist. Ist das nicht gerade höhere Dichtkunst? Neue Denkmuster zu erschließen, neue Gedankenwelten zu kreieren und damit die Gesellschaft mit ihren verkrusteten Denkstrukturen zu provozieren.

Was macht einen Dichter also aus? Rattengift führt es

uns vor. Autosuggestion vom feinsten. Man schaue in den Spiegel und sehe – ein herausragendes Merkmal (Es muss ja nicht immer die Nase sein.) – und verbinde dieses mit einem anderen Begriff, in diesem Fall: Genie. Genial einfach. Einfach genial.

Ex ungue leonem. Wer wissen will, was das heißt, und vor allem, was es bedeutet, kann Herrn Google befragen oder einen alten Lateinlehrer (soweit es ihn noch gibt).
.
Aber Bedeutung ist heute doch sowieso bedeutungslos. Scherz.

Und Satire und Ironie sind längst auf dem Friedhof der Bedeutungslosigkeit begraben. Kein Scherz.

Michael Hellwig
Gespräch mit einem Lektor

»Sind sie nicht großartig? Aussagestark und innovativ.«
R. klopfte stolz auf den Blätterstapel, vor sich. »Der Verlag sollte eine repräsentative, hohe Auflage auf den Markt bringen.«
Sein Gegenüber blickte skeptisch, was R. allerdings nicht bemerkte, weil er in seinem Manuskript blätterte. »Hier: ›Der Löwe, eh der Morgen grauet, Am Pferde, seiner schnellen Feder kauet.‹ Wer hat jemals eine solche Metapher gefunden?«, strahlte er.
Sein Gegenüber nickte zwar, wirkte aber, als habe er auf etwas sehr Bitteres gebissen.
»Nicht nur der Verlag, auch Sie als Lektor müssten froh sein, dass Ihnen ein solches Manuskript angeboten wird. Ich habe lange nach einem Thema für mein Werk gesucht, aber ›Suchet, so werdet ihr finden.‹ war offenbar nicht der richtige Weg. Vor ein paar Wochen dann ›PENG!!!!‹ hatte ich eine Inspiration wie ein goldenes Licht, und die Verse flossen mir nur so in die Feder. Was übrigens keine Metapher ist, denn Gedichte schreibe ich tatsächlich mit Tinte und Feder. Nur so kann man das Diktat der Muse festhalten. Ich muss, ohne protzen zu wollen, zugeben, dass ich fasziniert war. Und ich bin überzeugt, dass dasselbe nicht nur für Sie gilt, sondern auch für Feuilleton und Publikum.«
Da er direkt angesprochen wurde, richtete sich der Lektor ein wenig auf und öffnete den Mund.
R. ignorierte diese Signale. »Wann erlebt man schon mal, dass Feuilleton und Publikum einer Meinung sind? Meine Gedichte werden den Blick auf die Welt verändern. Wenn nicht sogar das Leben vieler. Ihr Leben – stellen Sie sich das einmal vor.« R. holte, offenbar von seinen eigenen Worten ergriffen, tief Luft.
Der Lektor nutze diese kurze Pause: »Entschuldigung. Darf ich auch etwas sagen?«
»Gerne, darauf warte ich ja schon die ganze Zeit, aber Sie sitzen nur hier, essen auf meine Kosten Kuchen und machen sonst nicht den Mund auf.«
»Das hätte ich gerne, aber ich konnte Sie nicht unterbrechen.« Ein sensibler Zuhörer hätte bemerkt, dass der

Lektor mit seiner Geduld am Ende war.

»Na dann. Sie haben meine volle Aufmerksamkeit.« R. versuchte, seinen Worten einen ironischen Klang zu geben.

»Nun gut. Wie Sie wissen, bin ich schon eine Reihe von Jahren in diesem Beruf, und ich weiß, wovon ich spreche. Ich bekomme jedes Jahr Hunderte Manuskripte auf den Tisch, von Menschen, die der Überzeugung sind, Ihre Verse seien mindestens nobelpreiswürdig...«

»Das kann ich mir vorstellen. Solche Leute, die an völliger Selbstüberschätzung leiden, kenne ich zur Genüge.«

Der Lektor nickte. »Normalerweise erhalten *solche Leute*«, er betonte die letzten beiden Worte, »einen Standardbrief mit einer Absage. Dass wir hier an einem Tisch sitzen, liegt nur daran, dass wir uns persönlich kennen und ich es deshalb nicht angebracht fand, Ihnen ebenfalls einen solchen Brief zu schicken.«

R. setzte an, etwas zu sagen, doch der Lektor hob eine Hand als Zeichen, zu schweigen. »Seien wir ehrlich. Jeder Mensch hat das Recht, etwas zu schreiben, das ihm wichtig ist. Aber das bedeutet nicht automatisch, dass es auch für andere wichtig ist und deshalb gedruckt werden sollte.«

»Aber ...«

»Aber«, ließ sich jetzt auch der Lektor nicht unterbrechen, »wenn wir Ihre Verse veröffentlichen würden, würden wir nicht nur dem Verlag schaden – schließlich haben wir einen gewissen Ruf –, sondern wir täten auch Ihnen keinen Gefallen. Ihre Verse sind epigonal, voller Klischees und falscher Bilder und in ihren Aussagen – wenn sie denn welche haben – banal... Möchten Sie Beispiele?« – Der Lektor machte eine Pause, aber R. reagierte nicht. – »Na gut. Also weiter. Sie scheinen auch Ihren Leserinnen und Lesern nicht zu trauen, dass sie eine Aussage selbst erkennen, und formulieren Sie immer ganz explizit. Es gibt Autoren, die wir ablehnen müssen, denen ich aber zumindest vorschlage, es, wenn ihnen ihre Texte so wichtig sind, mit Selfpublishing zu versuchen. Das ist heute ja mit überschaubaren Kosten möglich, und sie können dann ihr Umfeld beschenken. Aber selbst das kann ich Ihnen nicht empfehlen, wenn ich nicht möchte, dass Sie sich lächerlich machen.« Der Lektor machte eine Pause, um das Gesagte bei seinem Gegenüber sacken zu lassen.

Aber da sackte nichts. R. wurde hoch rot im Gesicht und schien zu explodieren. »Das glaube ich nicht! Das kann nicht wahr sein! Was bilden Sie sich eigentlich ein, wer Sie sind? Nur weil wir uns persönlich kennen, habe ich mich überhaupt dazu herabgelassen, Ihnen meine Gedichte anzubieten und Ihnen damit die einmalige Chance einzuräumen, einen literarischen Sensationserfolg zu erzielen, den Sie zweifellos benötigen! Kein Wunder, dass der Verlag auf keinen grünen Zweig kommt! Ich fasse es nicht! Dann gehe ich eben doch zu Suhrkamp!« R. griff zu seinem Manuskript, schob es wütend in seine Tasche, erhob sich ohne weitere Worte und verließ das Café.

Sein Kaffee war sicher kalt geworden, der Kuchen lag noch unberührt auf dem Teller. Den zog sich der Lektor heran. ›Wäre doch zu schade, wenn der weggeworfen werden müsste. Vor allem, wo ich ihn jetzt bezahlen muss.‹

Hans-Ulrich Heuser
**Die Verzweiflung des Dramatikers Christian Dietrich
G. bei der Betrachtung eines leeren Blattes**

»Leere
Leere
Leere
Leere
Leere
Leere
Leere
Leere
Leere
Leere
Leere
Leere
Leere
Leere
Leere
Leere
Leere

...

...

...

Alles bleibt leer!«

Hans-Ulrich Heuser
Träume und Schäume

Meine Muse neckte mich in der Tiefe meiner Träume
führte mir Hand und Feder zum Weltgedicht
an dem bislang jeden Dichters Kunst zerbricht
schloss mich ein ins Labyrinth unbekannter Räume

So sann ich Tag um Tag die richtigen Worte zu finden
nächtens lag ich wach verlassen verzweifelt verzagt
wartete jeden Tag aufs Neue von Dämonen geplagt
um nur ein Wort zu formen musste ich mich schinden

Es verging die Zeit ohne dass mir ein Gedicht gelang
das eine Gedicht welches mich unsterblich werden lässt
ich der große Dichter blieb ohne Stimme ohne Gesang

Doch sei es erlaubt zu klagen bevor ihr mich vergesst
war ich der Tölpel der nur um seine Geltung rang
oder war die es die Muse die mich zu schäumen zwang

Rolf Schönlau
Der Löwe, eh der Morgen grauet (Epos im Kleinen)

War das nicht schon mal? Vor einer halben Stunde? Gerade eben? Da stimmt doch was nicht! Realitätscheck: Hand spreizen – Fünf Finger. Mund und Nase zuhalten – Keine Luft. Blick auf den Wecker – 4:37. Blick zum Fenster und zurück auf den Wecker – 4:37. Kein Traum.

Aber warum standen die Bücher falsch herum? Mit dem Buchschnitt nach vorn? Buch um Buch, Brett für Brett, alle Bücher, tausend und mehr? Wie lange brauchte man dafür? Eine Stunde? Dazu in makellosen Reihen ausgerichtet, in abfallender Linie geordnet: oben links das größte, unten rechts das kleinste: Stunden dauerte das.

Realitätscheck Zwei: Aufstehen, zum Regal gehen, aufs Geratewohl ein Buch herausziehen, aufschlagen, blind eine Stelle markieren, laut lesen: *Der Schnitt der dicken Glasplatte auf dem Schreibtisch, darauf starrst du jetzt.* Buch zuklappen, zurückstellen (falsch herum), zum Schreibtisch gehen (*deinem* Schreibtisch), auf die Holzplatte klopfen – normales Geräusch, nicht verzögert, nicht verzerrt. Kein Traum.

Falsch herum verbargen sich die Bücher, sie verwehrten sich dem Zugriff. Andersrum bedrängten sie ihn nicht. *Und kamen den Gedanken nicht mehr ins Gehege*, hörte er sich sagen. Ab an die Maschine: Bogen eingespannt. Getippt. Nicht schnell und auch nicht langsam, denn die Worte fügten sich, die Sätze schlossen sich, der Text ging auf. Das Schreiben war wie Lesen, freudig und erwartungsvoll, was kommt, warum und wie, wohin es geht.

Der Glockenton vorm Zeilenende synkopierte die Satzmelodie, drei Anschläge bis zum Ratschen des Zeilenschalthebels, das Klingeln des Wagenrücklaufs. Wie geschmeidig der Schlitten lief. Weiter im Text, Zeile für Zeile, bis zum letzten Glockenton, dann mit dem ratternden Zeilenrad nach oben, wieder von vorn, weiter und weiter, immer weiter. Glockenton, Ratschen, Klingeln, dem letzten Zeilenende entgegen. Rattern, da capo, und nochmal von vorn.

Beim Aufwachen fiel sein Blick sofort auf das Blatt in der Maschine. Bis zur Unkenntlichkeit überschrieben.

Die Bücher wandten ihm den Rücken zu.

Antje Telgenbüscher
An den Dichter Rattengift

1.

Es hat sich längst erhärtet:
Gedanken sind überbewertet.

2.

Ein Sonett übers Scheitern
kann durchaus erheitern.

3.

Dir fällt nichts ein?
Dann lass es sein.

Antje Telgenbüscher
Limericks

1.

Ein Mensch will unbedingt dichten,
schafft es aber mitnichten.

Mit Neffen würd's gehn!
Doch sind keine zu sehn,

ihm die Reime zu richten.

2.

Ein Dichter in Ostwestfalen
litt Schreibblockadequalen.

Zerriss sein Sonett,
lag lange im Bett,

verlegte sich schließlich aufs Malen.

3.

Einen Dichter aus Baden-Baden
quälten Schreibblockaden.

Sein Blatt blieb weiß,
jetzt pflanzt er Mais,

geht Zuckerrüben verladen.

4.

Dem Büchnerpreisträger aus Singen
wollte kein Buch mehr gelingen.

Seine Frau sprang ein;
ghostwriting muss sein,

um die Kinder durchzubringen.

5.

Ein Dichter aus Mittelfranken
bittet sich selbst um Gedanken:

Hast du ne Idee?
Die Antwort bleibt: *Nee!*

Jetzt fahren beide zur Tanke.

FERDINAND FREILIGRATH

Ferdinand Freiligrath
O lieb', solang' du lieben kannst!

O lieb', solang' du lieben kannst!
O lieb', solang' du lieben magst!
Die Stunde kommt, die Stunde kommt,
Wo du an Gräbern stehst und klagst!

Und sorge, daß dein Herze glüht
Und Liebe hegt und Liebe trägt,
Solang' ihm noch ein ander Herz
In Liebe warm entgegenschlägt!

Und wer dir seine Brust erschließt,
O tu ihm, was du kannst, zulieb'!
Und mach' ihm jede Stunde froh,
Und mach ihm keine Stunde trüb!

Und hüte deine Zunge wohl,
Bald ist ein böses Wort gesagt!
O Gott, es war nicht bös gemeint, –
Der andre aber geht und klagt.

O lieb', solang' du lieben kannst!
O lieb', solang' du lieben magst!
Die Stunde kommt, die Stunde kommt,
Wo du an Gräbern stehst und klagst!

Dann kniest du nieder an der Gruft
Und birgst die Augen, trüb und naß,
– Sie sehn den andern nimmermehr –
Ins lange, feuchte Kirchhofsgras.

Und sprichst: »O schau auf mich herab,
Der hier an deinem Grabe weint!
Vergib', daß ich gekränkt dich hab'!
O Gott, es war nicht bös gemeint!«

Er aber sieht und hört dich nicht,
Kommt nicht, daß du ihn froh umfängst;
Der Mund, der oft dich küßte, spricht
Nie wieder:»Ich vergab dir längst!«

Er tat's, vergab dir lange schon,
Doch manche heiße Träne fiel
Um dich und um dein herbes Wort –
Doch still – er ruht, er ist am Ziel!

O lieb', solang' du lieben kannst!
O lieb', solang' du lieben magst!
Die Stunde kommt, die Stunde kommt,
Wo du an Gräbern stehst und klagst!

aus: Freiligrath, Ferdinand: Zwischen den Garben. Eine Nachlese älterer Gedichte, Stuttgart und Tübingen 1849, S. 69 ff.; zitiert nach: Gödden, Walter (Hrsg.): Ferdinand Freiligrath Lesebuch, Köln 2018 (Nyland Stiftung – Nylands Kleine Westfälische Bibliothek Band 80), S. 36 f. (zusammengestellt von Frank Stückemann) // online zugänglich in der Bibliothek Westfalica des Landschaftsverbandes Westfalen-Lippe: www.bibliothek-westfalica.de

Susanne Ulrike Maria Albrecht
War alles nur ein Traum?

Die Erde öffnet sich
Ein Heer von Soldaten stampft heraus
Sie marschieren im Gleichschritt
Immer weiter geradeaus
Die schneebedeckte Erde, bebt unter
Ihrem Stiefelschlag
Wo einst Häuser standen, ruhen sich
Jetzt Granaten aus
Der Schnee färbt sich rot vom Blut
Alles schweigt
Ist etwa Frieden?
Die Erde schließt sich wieder
Es war einmal
Alles ist vorüber
War alles nur ein Traum?
Leise fällt der Schnee auf die Erde
Hernieder
Aus weiter Ferne erklingen
Weihnachtslieder

Helmut Blepp
Langer Abschied

Welche Winterstürme mahntest du an
hattest ja noch nichts erlebt
und die ersten gierigen Schneeflocken
haben dir die Haut zerfressen

Den Frost muss man studieren
bevor man ihm den Arsch hinstreckt
so einer meint es immer ernst
und schert sich nicht um Stubenhocker

Wir haben keine bergenden Häuser
und bauen uns auch keine mehr
draußen im Sturm mit unseren Körben
deren Inhalt später im Ofen qualmt

Erst taut es dann kommen die Vögel
das Grün das der Sommer verbrennt
der erste Wind vorm Hummelsterben
dann gehen andere vor uns wie du

blumenleere
& wir wandern stets zurueck

befahlst du uns an o ferdinand
mit stur erhobnem zeigefinger
dein wehe wehe wenn du nicht
brav & lieb & gefuegig schoen
gehorsamst beste taten taetest
deine zunge sorgsam huetetest
des gemeinen volkes kandaren
halt damit wie de sade treffend
persiflierte adel & klerus weiter-
hin auf den krass zerschundenen
ruecken der ihnen ausgelieferten
skrupellos veitstaenze absolvieren
konnten jaja wahrhaft widerlich
deine ekle moral & machthoerige
biederkeit die die tiefste freiheit
entzuendende flamme echter liebe
in ein erbaermliches kerzenlicht
am grabesrand der via kirchen-
& andre propaganda verdummten
stets zur rechenschaft dressierten
verwandeln wolltest du trauriger
multiplikator mitlaeufer arsch-
kriecher verdraengend dass einst
das heisze feuer der aufklaerung
zumindest fuer eine sekunde nur
einen lichtlick uns allen verhiesz
ehe wir wieder im dunkel saszen

Nicolas Bröggelwirth
Psalm

Jeder weiß, dass er sterblich ist. Jeder weiß, dass ich sterblich bin. Ich weiß, dass jeder sterblich ist. Ich weiß, dass ich sterblich bin. Weil ich weiß, dass ich sterblich bin, will ich mich nicht entschuldigen. Weil jeder weiß, dass er sterblich ist, will ich nicht, dass man sich bei mir entschuldigt. Weil jeder weiß, dass ich sterblich bin, will ich nicht, dass jemand um mich weint. Weil ich weiß, dass jeder sterblich ist, will auch ich an keinem Grab weinen. »Ave Deus. Mortuurus te saluto« als Mahnung an den Tyrannen. Ich weiß, dass Gott sterblich ist. Gott weiß nicht, dass er sterblich ist. Gott würde nicht an meinem Grab weinen. Wenn Gott nicht an meinem Grab weinen würde, dann muss niemand an meinem Grab weinen. Gott würde sich nicht an meinem Grab entschuldigen. Wenn Gott sich nicht an meinem Grab entschuldigt, dann muss niemand sich an meinem Grab entschuldigen. Ich werde mich bei Gott nicht entschuldigen. Ich werde nicht an Gottes Grab weinen. Man kann sich nur lieben, weil man sterblich ist. Man kann mich nur lieben, weil ich sterblich bin. Ich kann nur den lieben, der sterblich ist. Ich kann nur lieben, weil ich sterblich bin. Ich kann nur den lieben, der glaubt, dass wir alle sterblich sind. Ich kann nur den lieben, der hofft, dass wir alle sterblich sind. Ich kann nur auf den hoffen, der liebt. Ich kann nur an den glauben, der liebt. Gott musste sterben, um zu leben. Gott muss sterben, um zu lieben. Solange ich kann. Amen.

Cornelia Ertmer
Brief an einen Revolutionär

Lieber Ferdinand Freiligrath,
ja, so schreibt man heute an eine Person, die man respektiert, der man sich vielleicht nahe fühlt, die man aber nicht persönlich kennt. Sei's drum. Ich duz' dich jetzt einfach.
Gern wäre ich dir einmal begegnet, dir, einem mutigen und aufrechten Menschen. Aber schon zu deinen Lebzeiten wäre das nicht leicht gewesen, da du häufig deinen Wohnsitz gewechselt hast. Nicht immer freiwillig. Es lag aber nicht nur an dir, sondern an den Umständen. Du sagtest dem preußischen König, dem Adel den Kampf an und verschriebst dich schließlich der 48-er Revolution. *Ca ira.* Diese Gedichtsammlung zum *Vormärz* war und ist noch heute Schulstoff (hoffentlich).
Die Toten an die Lebenden. Eins deiner berühmtesten Gedichte. Aufrüttelnd und anklagend. Aber doch nicht ohne Hoffnung, dass der Tod nicht umsonst sein möge und die Revolution siegen werde. Ein Gedicht voller Leidenschaft. Eine Botschaft an die Über-Lebenden. Ein Plädoyer für ein freies Deutschland. Ein politisches Statement, das dir eine Anklage wegen umstürzlerischer Umtriebe einbrachte und ein abermaliges Exil in England. Doch die Idee der Revolution verpuffte. Zwar gab es später unter Bismarck, ganz ohne Revolution ein geeintes Deutschland, wie es Hoffmann von Fallersleben in seinem *Lied der Deutschen* schon 1841 erdichtet hatte, na ja. Revolution geht anders. Dann die Weltkriege, Verschiebung der Grenzen, die Teilung Deutschlands nach 1945. Nach einer abermaligen Wieder?-Vereinigung ist Deutschland nun erneut gespalten. Diesmal politisch in Ost und West. Welches Gedicht hättest du zu unserer derzeitigen Situation geschrieben? Wer würde es heute verfassen, wer würde der Verzweiflung und Wut vieler eine Stimme geben, wer würde uns Mut machen? – Und gehört werden.
Aber ich schweife ab. Vor mir liegt ein ganz anderes Gedicht.
Von Klassenkampf und Revolution warst du 1829 noch weit entfernt, als du es mit 19 Jahren schriebst: *O lieb', solang du lieben kannst!*. Der leidenschaftliche Ton, der

deine späteren politischen Gedichte prägt und so eindrücklich und besonders macht, wird schon in diesem frühen Text spürbar. Vielleicht ausgelöst durch den Verlust deiner Mutter, da warst du gerade mal sieben Jahre alt, und wenige Jahre später, durch den Tod des Vaters, nach dem du als Fünfzehnjähriger die Schule abbrechen und eine Kaufmannslehre beginnen musstest, hast du dich wohl früh mit Leben und Tod beschäftigt.

O lieb', solang du lieben kannst!
O lieb', solang du lieben magst!
Die Stunde kommt, die Stunde kommt,
Wo du an Gräbern stehst und klagst.

Da du diese Verse refrainartig wiederholst, sind sie dir wohl besonders wichtig, enthalten das Fazit deiner damaligen Lebenserfahrung: Gib acht, dass du deine Lieben nicht kränkst, und sei es unbedacht, und besinne dich auf das, was du ihnen Gutes tun kannst. Wenn sie tot sind, ist es zu spät. Dieser barocke Gedanke des *memento mori* scheint dir schon in der Jugend nicht fremd gewesen zu sein.

Ich wünschte, diese Gedanken dieses Gedichts könnte man heutigen Jugendlichen nahebringen. Vielleicht würden sie sich und andere mehr respektieren, mehr Wert auf ein friedliches, bedachtes Miteinander legen, statt anderen mit Wut, Hass und Gewalt zu begegnen. Ich wünschte, sie würden die Folgen ihres Sprechens und Handelns bedenken, selbstkritischer mit sich umgehen. Läsen heutige junge Menschen dieses Gedicht, würden sie überhaupt verstehen, was du meinst, wenn du darüber klagst, dass *ein böses Wort* über den Tod hinaus wirkt, selbst wenn es verziehen ist?

Freilich, um dieses altertümliche Wort wieder einmal zu benutzen, freilich waren damals andere Zeiten. Der Kreis der Menschen, mit denen du zu tun hattest, war überschaubar, die Folgen von Kränkungen waren unmittelbar spürbar. Ein *böses Wort*, so erkanntest du trotz deiner Jugend, ist wie ein Stachel, der über den Tod hinaus den

Urheber quält. Und heute? Macht es die mediale Anonymität und Distanz möglich, allen all seine Gefühle ungefiltert entgegenzuschleudern.

Ich wünschte mir, dass dein leidenschaftlicher Appell, seine Zunge im Zaum zu halten und den Menschen mit Liebe und Respekt zu begegnen, einen Widerhall in heutiger Zeit fände. In Zeiten von medialen Shitstorms, denen Andersdenkende oft hilf- und schutzlos ausgeliefert sind. In Zeiten, in denen viele ungefragt und spontan ihren Emotionen freien Lauf lassen, ohne sich um die Folgen zu kümmern. In Zeiten, in denen ein respektvoller oder zumindest höflicher Umgangston im Miteinander immer seltener wird. In Zeiten, in denen man andere rücksichtslos beleidigt und demütigt. In Zeiten, in denen zu vielen das Gespür verloren gegangen zu sein scheint, dass andere Menschen auch Menschen sind und keine Objekte, die man missachten und herabwürdigen kann.

Lieber Ferdinand Freiligrath, ich wünsche deinem Gedicht viele Leser:innen, die deine Botschaft verstehen und sie als Auftrag in ihr eigenes Leben mit hineinnehmen.

R.I.P. Die Hoffnung bleibt, auch die Hoffnung auf die Wirkung von Literatur.

Kerstin Riechert
Totensonntag

Ich pflücke ein paar vertrocknete Blätter aus dem Heidekraut, rücke das Gesteck zurecht und zünde das Licht in der Laterne an. Ich hoffe, du siehst es.
Ich wollte, unser letztes Gespräch wäre anders verlaufen.
Ich war wütend, dass du dich gegen alles sperrtest: Eine Zugehfrau einmal die Woche hatte ich dir aufgezwungen. Aber sonst: Keine Hilfe von einem mobilen Dienst, ein Heim schon gar nicht und nein, nicht einmal den Notrufanhänger warst du bereit zu nutzen.
Anklagend hatte ich ihn aus der Schublade unter dem Telefon gerissen und vor deiner Nase geschwenkt:
»Mutter, Herrgott nochmal, ich bitte dich! Was ist so schlimm daran, den umzuhängen? Tut das weh, oder was?!«
Du hattest verbissen geschwiegen.
Ich hatte geschimpft:
»In der Schublade nützt er nichts, kapierst du das nicht? Wie oft musst du denn noch stürzen? Einmal werde ich hier hereinkommen und es wird zu spät sein. Wie kann man nur so unvernünftig sein!«

Ich blieb eine Weile fern, verärgert wie ich war. Verärgert und unzufrieden. Grollend. Wie uneinsichtig du warst! Was für eine Halsstarrigkeit! Da blieb ich eben weg. Bockig sein konnte ich schließlich auch.

Ich kann und kann nicht vergessen, wie ich in deiner letzten Nacht von dir träumte.
Dein Gesicht stand ganz deutlich vor mir und du batest:
»Sei mir doch nicht so böse, Kind.«
Der Traum ging mir derart nach, dass ich beschloss, im Homeoffice zu bleiben und gleich nach der Arbeit zu dir zu fahren. Noch vor der Mittagspause klingelte mein Handy. Deine Zugehfrau hatte dich gefunden. Auf dem Trockenboden. Du hattest selber die Wäsche abnehmen wollen, statt auf sie zu warten. Du warst schwer gestürzt. Dein Zustand kritisch. Wie lange genau du dort gelegen hattest, wusste man nicht. Wie üblich hattest du deinen Notrufanhänger nicht um gehabt.

Ich ließ alles stehen und liegen, fuhr nicht einmal den Rechner herunter und raste zum Krankenhaus oder vielmehr: Ich wollte rasen.

Wenn die Klimaaktivisten nicht ausgerechnet an diesem Tag vor dem Bahnhof auf der Fahrbahn geklebt hätten – vielleicht hätte ich es noch rechtzeitig geschafft.

Wenn du dich nicht so gegen den Notrufknopf gesperrt hättest, vielleicht hättest du es geschafft, hättest du eher Hilfe bekommen.

So schafften wir es beide nicht: Ich nicht mehr rechtzeitig zu dir. Du nicht, auf mich zu warten.

Kordula Schimke
Ludmila

Ich bin in unserer kleinen Stadt für ein Integrationszentrum verantwortlich. Dort treffen sich Menschen, die nach der Flucht in unserer Gemeinde ankommen. Es gibt unterschiedliche Angebote für Frauen, Männer und Kinder. Neben kulturellen Veranstaltungen, bei denen sich Einheimische und Neuankömmlinge treffen, gibt es Kreativangebote und Sprachkurse, in denen ich auch alltagsrelevante Informationen weitergebe. In diesem Zusammenhang habe ich auch auf den letzten Probealarm in der Stadt hingewiesen. Wir haben über Sirenen und Warn-App-Alarm auf den Handys gesprochen. Alle waren informiert.

Ludmila und ihr Mann Ihor kommen aus einem kleinen Dorf in der Ukraine. Sie sind nach dem russischen Angriffskrieg bei uns angekommen. Sie haben ihr Haus, ihre Hühner, ihre Katzen, ihre Freunde und Nachbarn zurückgelassen. Sie nehmen hier an den Sprachkursen und an vielen weiteren Angeboten teil. Sie sind freundlich und bedanken sich jedes Mal. »Guten Morgen, wie geht es?«, und »Vielen Dank«, waren ihre ersten deutschen Worte. Ludmila und Ihor hatten Goldene Hochzeit. Sie haben diesen Ehrentag mit fremden Menschen im Sprachkurs gefeiert, weit weg von ihrem kleinen Dorf, von den Freunden und den Nachbarn, von denen sie nicht einmal wissen, ob sie noch leben. Sie haben ohne ihre Familie gefeiert. Sie haben einander an der Hand gefasst, und man spürte, dass sie dankbar sind, einander zu haben. Bei dieser kleinen Feier gab es einem Kuchen, den Ludmila für alle gebacken hatte, Kaffee, den wir gekocht hatten, und viele Glückwünsche. Ludmila hat geweint. Wochen später hatte Ludmila Geburtstag. Wir haben ein Geburtstagslied für sie gesungen. Ludmila hat geweint. Ludmila und Ihor sind freundlich und unauffällig, sie helfen anderen, wo sie können, und versuchen die deutsche Sprache zu erlernen.

Am 14. September 23 hatten wir ein Treffen für Frauen organisiert. Ca. 20 Frauen aus unterschiedlichen Ländern waren gekommen. Ab 10 Uhr war im Haus ein munteres Treiben. An dem Tag wollten die Frauen gerne malen und Lieder singen. Es war eine entspannte Atmosphäre. Um 11.00 Uhr begannen die Sirenen zu heulen. Wir haben uns alle erschrocken. Ludmila begann zu zittern, konnte kaum auf dem Stuhl sitzen bleiben und wollte unter den Tisch kriechen. Sie bebte und fand unter Tränen keine Worte. Das blanke Entsetzen war ihr ins Gesicht geschrieben. Fatima, eine junge Frau aus Syrien, die an dem Tag neben ihr saß, nahm sie sofort in den Arm und versuchte sie zu beruhigen. Auch wir anderen versuchten zu trösten. Vergeblich. Es gab für sie unter dem Sirenengeheul keinen Trost. Ich möchte nicht wissen, welche Bilder sie in diesem Moment vor ihrem geistigen Auge sah.

Es dauerte lange, bis sie sich wieder beruhigte. Dann versuchte sie uns von den Angriffen zu erzählen, wie sie bei Sirenenalarm alle in den Bunker flüchteten. Sie erzählte von dem Nachbarn, der es nicht mehr geschafft hatte und den man nach dem Angriff tot auf der Straße fand, und wie seine Frau, als sie ihn fand, ihn im Arm hielt und nicht wieder loslassen wollte. Sie beschrieb den Anblick der Zerstörung, der vielen Krater in den Straßen und den stechenden Geruch. Ihre Heimat hatte sich in wenigen Stunden in Ruinen verwandelt, überall brannten Häuser und Autos. Sie sprach von ihrer Flucht und von den Verlusten. Wir haben nicht alles verstehen können, aber was wir verstanden haben, ließ uns erschauern. Nach und nach berichteten alle Frauen von ihren Fluchterlebnissen, schrecklichen Erlebnisse, die sie so sicher noch nie erzählt hatten. Es fiel ihnen allen sichtlich schwer und die deutsche, die fremde Sprache, machte es für sie nicht leichter. Aber alle hatten in diesem Moment das Gefühl, sich etwas von der Seele reden zu müssen. Wir haben an dem Tag gemeinsam noch viel geweint, aber wir haben auch gelacht und uns tröstend in den Arm genommen.

Ludmila und Ihor werden vermutlich ihre Heimat nie wiedersehen. Ihre Kinder sind mittlerweile in Deutschland und arbeiten, die Enkel gehen hier zu Schule. Sie wollen nicht wieder zurück. Auch Fatima wird mit ihrer Familie in

Deutschland bleiben. Ihr Sohn geht hier in den Kindergarten, ihr Mann hat Arbeit gefunden. Sie lernt das erste Mal in ihrem Leben lesen und schreiben und ist stolz über jedes neue Wort, das sie schreiben und lesen kann. Wenn sie mir bei Übersetzungen helfen kann, ist sie glücklich, ein wenig Hilfe zurückzugeben. Ludmila und Ihor kommen weiter regelmäßig in den Sprachunterricht und nehmen an vielen Veranstaltungen teil. Ludmila hat früher in der Ukraine Theater gespielt und gesungen. Ludmila tanzt jetzt wieder und singt. Ich verstehe den Text ihrer Lieder nicht, aber ich habe das Gefühl, dass sie von Woche zu Woche fröhlicher klingen.

Rudolf Schimke
Liebe

Liebe schwärmt von gestern
Episch sind die Strophen
Lachen eingewoben
Weinen tragisch hergezeigt

Jeder nimmt die Liebe ernst
Und man nimmt dem andern krumm
Wenn er leicht es nimmt
Was die Liebe ihm beschwerte

Das ist gut, denn arm nur der
Dem das nie passierte

Clara Sinn
Kann ich mit mir allein sein?

O lieb', solang' du lieben kannst!
Sie entschloss sich, zu lieben. Sich. Zu lieben.
Saß schon über anderthalb Stunden im Wartezimmer.
Wollte keinen Druck machen.
Diesmal.
Wegen ihres Folgetermins. Sagte einfach ab.
Allem, das da Druck war, Stressdruck, Leidensdruck, Druck, Druck.
Sie merkte, wie sie tief aufgeatmet hatte. Mühelos. Plötzlich.
Es war ein Akt der Selbstliebe.
Selbstzugewandtheit. Auch ich bin wer.
Gewahrte, wie ihr einfach diese Frage einfiel, Was müsste passieren ...
dass du sagen kannst, das Leben meint es gut mit dir?
Vom Leben geküsst.
War ihr Feld.
Ihre Wahl.
In der Praxis ging es zu wie in einem Taubenschlag.
Tausende, die anscheinend Vorrang hatten: Nur Rezept abholen, nur Methadon ...
Draußen war es heller so unschuldiger wie unbekümmerter Tag.
Sie entschied, so, auf dem minderwertigen alten Plastikstuhl dieser ollen Praxis, hineinzuspringen in die Helligkeit des Tages, der keine Probleme kannte.
Als ihr dieser Spruch einfiel, Die Sonne scheint herab auf Gut wie Böse.
Sinngemäß. Nur.
Freilich.
Aber es hatte etwas Tröstliches. Die Sonne, die gegoogelte, gnadenlos gerecht da.
Für Gerechte wie Ungerechte ...
Da fiel ihr ein, dass Trost ja nicht nur bei Trauer galt.
Sondern gegen Empörung, Aufgebrachtsein. Gegen scheinbares Unrecht.
Sie würden ihre Gründe haben. Selbst wenn sie sie vergessen haben sollten.
Kann ich mit mir allein sein?

Das schien ihr der Kern zu sein, der an ihr nagte ...
Kann ich mit mir überhaupt Langeweile haben?!
Sie hatte erst alle Zeitschriften auslesen müssen. Unüberlegte Ablenkung. Zuerst.
Dann aber, besann sie sich,
ausgebootet ...
Besann sich abermals:
Nicht von denen. Mit denen hatte es nichts zu tun.
ICH fühle mich ausgebootet.
Ein altes Gefühl.
Ein Kind. Und die Eltern. Mit sich beschäftigt. Der Traum bestätigte das.
Im Hintergrund die Eltern riesige Streithähne, vorne das Kind. Das sich, aus lauter Verzweiflung und dieser Einsamkeit preisgegeben, darauf verlegte, winzigste Eierschalenstücke aufzusammeln vom Teppich.
Die Therapeuten hatten sich alle darauf verlegt, eine Ressource darin zu sehen:
Was kommt dabei raus, wenn du die Stückchen alle zusammensetzt?
Aber sie wollte sich mal nicht übergehen aus lauter Wohlwollen.
Ging auf dieses verlassene Kind ein:
Was bräuchtest du von mir?
Meinen Kummer beweinen. Meinen Kummer da sein lassen.
Diese Kummerbelastete endlich würdigen.
Das erste Mal.
Und sie schaute auf das Kommen und Gehen in dieser Praxis der intransparenten Arbeitsweise, ja, dass die mit Termin wohl Vorrang hatten, leuchtete ein, aber es war nicht mehr wichtig.
Sie war diese Selbstrespektvolle geworden, die sich entspannen konnte ob des unfreundlichen Äußeren. Als Selbstfreundliche.
Konnte die Sonne deutlich spüren. Wie sie aufgegangen war hinter verknotetem Gedärm und nun frei schien über befriedeten Eingeweiden.

Draußen fingen Kirchenglocken an zu läuten. Mittlerweile fast drei Stunden. Ein Fest. Der Wärme. Bedingungslos.
Ja.

Ferdinand Freiligrath
Trotz alledem! (variiert)[1]

Das war 'ne heiße Märzenzeit,
Trotz Regen, Schnee und alledem!
Nun aber, da es Blüten schneit,
Nun ist es kalt, trotz alledem!
Trotz alledem und alledem –
Trotz Wien, Berlin und alledem –
Ein schnöder, scharfer Winterwind
Durchfröstelt uns trotz alledem!

Das ist der Wind der Reaktion
Mit Mehltau, Reif und alledem!
Das ist die Bourgeoisie am Thron –
Der annoch steht, trotz alledem!
Trotz alledem und alledem,
Trotz Blutschuld, Trug und alledem –
Er steht noch und er hudelt uns
Wie früher fast, trotz alledem!

Die Waffen, die der Sieg uns gab,
Der Sieg des Rechts trotz alledem,
Die nimmt man sacht uns wieder ab,
Samt Kraut und Lot und alledem!
Trotz alledem und alledem,
Trotz Parlament und alledem –
Wir werden unsre Büchsen los,
Soldatenwild trotz alledem!

Doch sind wir frisch und wohlgemut
Und zagen nicht trotz alledem!
In tiefer Brust des Zornes Glut,
Die hält uns warm trotz alledem!
Trotz alledem und alledem,
Es gilt uns gleich trotz alledem!
Wir schütteln uns: Ein garst'ger Wind,
Doch weiter nichts trotz alledem!

Denn ob der Reichstag sich blamiert
Professorhaft, trotz alledem!
Und ob der Teufel reagiert
Mit Huf und Horn und alledem –
Trotz alledem und alledem,
Trotz Dummheit, List und alledem,
Wir wissen doch: die Menschlichkeit
Behält den Sieg trotz alledem!

So füllt denn nur der Mörser Schlund
Mit Eisen, Blei und alledem:
Wir halten aus auf unserm Grund,
Wir wanken nicht trotz alledem!
Trotz alledem und alledem!
Und macht ihr's gar, trotz alledem,
Wie zu Neapel dieser Schuft:
Das hilft erst recht, trotz alledem!

Nur, was zerfällt, vertretet ihr!
Seid Kasten nur, trotz alledem!
Wir sind das Volk, die Menschheit wir,
Sind ewig drum, trotz alledem!
Trotz alledem und alledem:
So kommt denn an, trotz alledem!
Ihr hemmt uns, doch ihr zwingt uns nicht –
Unser die Welt, trotz alledem!

aus: Neue Rheinische Zeitung. Organ der Demokratie. Nr. 6, Köln, 6. Juni 1848; zitiert nach: Gödden, Walter (Hrsg.): Ferdinand Freiligrath Lesebuch, Köln 2018 (Nyland Stiftung – Nylands Kleine Westfälische Bibliothek Band 80), S. 84 f. (zusammengestellt von Frank Stückemann) // online zugänglich in der Bibliothek Westfalica des Landschaftsverbandes Westfalen-Lippe: www.bibliothek-westfalica.de

[1]Unter dem Titel »Trotz alledem!« hatte Freiligrath bereits 1843 eine Übersetzung des Gedichts »Is There for Honest Poverty« des schottischen Autors Robert Burns (1759 – 1796) verfasst und 1844 in seinem Buch »Ein Glaubensbekenntniß« veröffentlicht.

Melanie Babenhauserheide

wenn der Trotz trotz Trotz nur trotzt
der Wind der Reaktion er rotzt
der Menschlichkeit entgegen
von Menschheit bleiben Einzelteile
trotz Freiligrath und Abendrot
trotz Buchkritik und Heldentod
die Welt verzehrt vom Kapitale
dennoch obzwar wenngleich wiewohl

Michael Hellwig
Stammtisch im Himmel, Winter 2024

»Schau dir das an, Ferdinand! Da sind Tausende Menschen auf der Straße. Und das in unserem kleinen Detmold.« Georg Weerth klang äußerst verwundert, als er von der rot angehauchten Wolke in die Tiefe blickte.
»Jahrmarkt um diese Jahreszeit? Ungewöhnlich.«
»Jahrmarkt ist das wohl nicht. Keine Stände, keine Karussells. Christian, kannst du Genaueres erkennen?«
Der Angesprochene, der ausnahmsweise einen Talar trug – schließlich war Sonntag – beugte sich über den Rand der Wolke.
»Sei vorsichtig, Christian! Sonst fällst du runter«, mahnte Weerth.
»Und wenn? Was denkst du, kann mir passieren?«
Christian Führer beugte sich noch weiter vor. »Das sieht nach einer Demonstration aus.«
»Kannst du sehen, wogegen demonstriert wird – oder wofür? Du hast die jüngsten Augen«, forderte Ferdinand Freiligrath ihn auf.
»Die hat ja wohl Georg«, erwiderte Führer, blickte aber trotzdem weiter interessiert in die Tiefe.
»Auf jeden Fall demonstrieren sie wohl nicht gegen die Regierung. Sonst gäbe es mehr Uniformen«, war er sich sicher. »Ich sehe auch keine Barrikaden.«
»Schade, dass Friedrich nicht da ist. Der hat ein Fernrohr. Das wäre jetzt hilfreich«, meinte Freiligrath. »Wo ist er überhaupt? Hat Petrus ihn jetzt doch in den Keller geschickt, um mit Mao und Lenin Kohlen zu schippen?«
»Das glaubst du doch selbst nicht«, lachte Weerth. »Der war zwar immer schon das schwarze Schaf der Familie, aber die halten hier zusammen bis zum letzten. Sonst hätte er doch auch das Fernrohr nicht einschmuggeln können.«
»Dann sitzt er bestimmt wieder auf seiner Arbeitswolke und schreibt Pamphlete«, mutmaßte Führer. »Wahrscheinlich gegen die weitere Verwendung fossiler Brennstoffe: Sozialisten für die Zukunft.«
»Von wegen Sozialisten für die Zukunft. Der will bloß nicht selber schippen müssen.« Auch Freiligrath lachte. »Aber was ist jetzt mit dem Leuten da unten?«

»Viele tragen Transparente... Aber ich kann kaum etwas richtig lesen. Da: *Wir sind alle Migranten* und da: *Nazis verpisst euch, keiner* ... Den Rest kann ich nicht lesen. Ist wohl auch kaum für solche Entfernungen gedacht.«

»*Nazis verpisst euch!* Das hättet ihr auch sagen sollen, Christian. Dann wäre vieles nicht passiert.«

»Was heißt *ihr*?« Führer wandte sich empört zu Freiligrath. »Ich bin Jahrgang 1943. Wie sollte ich da bitteschön vor 1933 demonstrieren?«

»Jaja, ich weiß: Gnade der späten Geburt.«

»Das hat damit überhaupt nichts zu tun. Du ...«

»Hört auf, euch zu streiten«, versuchte Weerth die beiden zu besänftigen. »Das führt doch zu nichts. Und Ferdinand, du weißt doch, wie damals mit Kritik und Widerstand umgegangen wurde, nicht erst nach 1933.«

Führer schaute weiter in die Tiefe. »Das hat tatsächlich etwas von unseren Montagsdemonstrationen damals in Leipzig.«

»Was heißt hier damals, Christian?«, stichelte Freiligrath. »1989 ist für mich so gut wie gestern.«

»Ist schon gut, alter Mann. Dann eben *gestern* bei unseren Montagsdemonstrationen.«

»Sage ich doch.«

»Wenn Karl doch jetzt hier wäre und das sehen könnte.« Weerth wirkte etwas schwermütig. »Das glaubt er uns im Leben nicht.«

»*Im Leben* ganz sicher nicht«, kicherte Freiligrath. »Aber das hat er sich selbst zuzuschreiben. Hätte er sich bei den Montagsdemonstrationen nicht so aus dem Fenster gehängt, hätte Petrus ihn nicht nach Nordkorea deportieren lassen und er könnte hier bequem mit uns auf der Wolke sitzen.«

Weerth hatte weiter das Geschehen in seiner Geburtsstadt beobachtet. »Da ist etwas Interessantes. Das müsstest du doch kennen, Christian. *WIR sind das Volk!* Aber warum schreibt der *WIR* in Großbuchstaben?«

»Wahrscheinlich, weil sie uns damals ... – Entschuldige, Ferdinand, weil sie uns v o r h i n in Dresden unseren Slogan von den Montagsdemonstrationen gestohlen hatten. Hat leider eine Zeit lang funktioniert. Die haben sogar versucht, sich bei dir zu bedienen, Ferdinand.«

»Wie denn das?« Freiligrath war sichtlich irritiert.

»Einige hatten Transparente drucken lassen mit der Aufschrift TROTZ ALLEDEM UND ALLEDEM! Aber dann hat ihnen wohl jemand erklärt, wer du warst ... entschuldige: bist.«

»Die sind wohl wahnsinnig!!! Was fällt denen ein?«, brauste Freiligrath auf. »Ignorantenpack! Gesindel! Ist man denn vor nichts geschützt?! ... Aber könnt ihr noch was erkennen?«

»Ja. *Demokraten auf die Straßen!* und da *Wer schweigt, stimmt zu!*« Auch Führer suchte nach Plakaten, die von hier oben zu lesen waren.

Freiligrath schwieg nachdenklich. – »Die haben ja recht. Aber die Sätze sind nicht so besonders originell. Ich geh mal rüber und lasse mir Besseres einfallen. Müssen wir nur sehen, wie wir das nach unten schaffen.«

»Das kriegt Friedrich schon hin. Seine Verwandtschaft hat da oft genug zu tun«, zeigt sich Weerth überzeugt. »... Aber kuckt mal, der läuft schon da unten mit, mit einem riesen Transparent. Und Grabbe hilft tragen. Wie hat er den wohl dazu gebracht mitzukommen?«

»Das glaub' ich nicht! Doch nicht Grabbe! Wo? ... Ich kann nichts sehen.«

»War auch nur 'n Witz.«

»Da kann ich nicht drüber lachen. Trotz alledem! Ich gehe dann mal.«

Alfons Huckebrink
Der Kampf geht weiter

Wie hieß damals eigentlich deine Lieblingsfigur bei Astrid Lindgren?, fragte ich Altevogt rundheraus. Da brauche ich nicht lange zu überlegen, antwortete der Freund, Lotta Continua. Und deine? Meine eben auch, gestand ich. Lotta Continua. Bis heute diese. Und hat dich schon mal jemand danach gefragt?, wollte er wissen. Leider nein. Genau deshalb habe ich dich eben gerade gefragt. Er überlegte. Du meinst ... Genau, damit du mich dann fragst, welche meine ist. Dass du ebenfalls Lotta Continua sagen würdest, konnte ich nicht ahnen. Ich hätte auf Karlsson vom Dach getippt. Dachschaden?, ätzte er. Ich bei dir auf Mia Maria. Tut mir leid, dass ich dich deiner Wirkung beraubt habe, behauptete er. Wir können unser Frage- und Antwortspiel doch mal vor Publikum aufführen, schlug ich vor. Warum eigentlich nicht? Vielleicht beim kommenden Seniorenfrühschoppen in der Krachmacherstraße, ergänzte er. Warum nicht? Auf keinen Fall in der Leisetretergasse, bekräftigte ich.

Kordula Schimke
Brief an Ferdinand Freiligrath,
der, wie er in »Das malerische und romantische West-
phalen« beschreibt, auch in Enger war.

Wir sind das Volk, die Menschheit wir,
Sind ewig drum, trotz alledem!

Enger, im Juni 2024

Lieber Ferdinand,

jetzt stehe ich hier, im Jahre 2024 in Enger, vor der Stifts-
kirche und erfahre, bei einer historischen Stadtführung,
dass Sie, lieber Ferdinand, hier auch schon einmal stan-
den. Es muss wohl so um 1840 gewesen sein. Das kleine
Dorf Enger heißt nun Widukindstadt Enger, das dürfte Ih-
nen sicher gefallen. Ich lese Ihre Texte, wandere mit Ih-
nen durch Westfalen und versuche Ihre Zeit zu verste-
hen. »Wir sind das Volk«, ein Ausspruch, den Sie benutzt
haben, hat vor gar nicht allzu langer Zeit hier in Deutsch-
land die West-Ost-Grenze verschoben. Vor 35 Jahren
wurde aus Westdeutschland und Ostdeutschland wieder
ein vereinigtes Deutschland.
Lieber Ferdinand, Ihre Sprache ist nicht meine Sprache.
Ihre Zeit ist nicht meine Zeit, vieles hat sich verändert,
und trotz alledem, wie verlockend wäre es, wenn wir bei-
de uns hier vor der Kirche treffen könnten, nur für einen
kleinen Gedankenaustausch.
Sie könnten mir vor Ihrer Zeit berichten und ich Ihnen von
der heutigen. Wir könnten über Gemeinsames oder über
Unterschiedliches reden. Sie sprechen von Vaterland,
Heimatgefühl, Nationalstolz und Nationalhass, Themen,
die heute an Aktualität nichts eingebüßt haben. Erklären
Sie mir die Verklärung der Romantik Ihrer Zeit. Flucht,
Ausgrenzung und Integration sind ein weites Feld, auch
heute noch, Pressefreiheit und die Rolle der Frau würden
uns reichlich Gesprächsstoff liefern. Gerne würde ich mit
Ihnen darüber philosophieren, Ihre Ansichten und Mei-
nung erfahren. Vielleicht nur eine Stunde, oder besser

noch zwei. Treffen wir uns an der Kirche, dort wo Widukind schon einst gestanden hat.

Den Ort habe ich nun vorgeschlagen, nennen Sie bitte den Zeitpunkt. So vieles möchte ich Sie fragen. Könnte Ihnen vom Hier und Jetzt erzählen. Einiges würde Sie erfreuen, anderes würden Sie nicht verstehen oder erst gar nicht glauben. Manche heutigen Entwicklungen würden Ihnen genau wie mir Angst machen.

Es ist eine Illusion. Trotz alledem, ich fände es spannend und verlockend.

Auch wenn der Brief Sie nie erreichen wird, verabschiede ich mich mit

herzlichen Grüßen

Rudolf Schimke
Trotz alledem (2)

Trotz alledem
Vertrocknen unsere Wälder
Trotz alledem darben die Bienen
Trotz alledem

Trotz alledem ist der Mensch
Trotz alledem des Menschen Wolf
Trotz alledem bombt er ihn tot
Trotz alledem

Trotz alledem brauchen wir Hoffnung
Trotz alledem Zuversicht
Trotz alledem wollen wir lieben
Trotz alledem

FRIEDRICH WILHELM WEBER

Friedrich Wilhelm Weber
Dreizehnlinden
I. Aus dem Nethegau

Wonnig ist's, in Frühlingstagen
Nach dem Wanderstab zu greifen
Und, den Blumenstrauß am Hute,
Gottes Garten zu durchschweifen.

Oben ziehn die weißen Wolken,
Unten gehn die blauen Bäche,
Schön in neuen Kleidern prangen
Waldeshöh' und Wiesenfläche.

Auf die Bleiche bringt das Mädchen,
Was der Winterfleiß gesponnen,
Und dem Hain erzählt die Amsel,
Was im Schnee sie still ersonnen.

Sind es auch die alten Töne,
Die bekannten, längst vertrauten,
Doch die Bleicherinnen lauschen
Gern den süßen, lieben Lauten.

Gern den süßen, lieben Lauten,
Die in Berg und Tal erklingen;
Hirtenbub' und Köhlerknabe
Horchen auf, um mitzusingen;

Mitzusingen frisch und freudig
Nach des Winters langen Schmerzen;
All die halb vergessnen Lieder
Werden wach im Menschenherzen.

Halb vergessne alte Lieder
Werden wach in meiner Seele:
Hätt' ich nur, sie auszusingen,
Wilde Amsel, deine Kehle! —

Was die Linde mir erzählte,
Was der Eichenwipfel rauschte,
Wenn ich abends ihrer Blätter
Heimlichen Gesprächen lauschte;

Was die muntern Bäche schwatzten
Hastig im Bergunterrennen,
Wilde Knaben, die nicht schweigen
Und nicht ruhig sitzen können;

Was die Zwerge mir vertrauten,
Die in fernen Waldrevieren
Still in Spalten und in Klüften
Ihren kleinen Haushalt führen;

Was auf mondbeglänztem Anger
Ich die Elben lispeln hörte;
Was mich des ergrauten Steines
Moosumgrünte Inschrift lehrte:

Dies und was ich las in staub'gen
Lederbänden und in alten
Halb erloschnen Pergamenten,
Will zum Liede sich gestalten.

Nebelbilder steigen dämmernd
Aus der Vorzeit dunkeln Tagen;
Wispern hör' ich ihre Stimmen,
Freudenlaute, Zürnen, Klagen;

Männer, die vor tausend Sommern
Durch den Nethegau geschritten,
Heidenleute, Christenleute,
Was sie lebten, was sie litten;

Eines Sachsenjünglings Kämpfe
Mit dem Landesfeind, dem Franken,
Und in eigner Brust die schwersten
Mit den eigenen Gedanken;

Einer Jungfrau stilles Weinen,
Einer Greisin finstres Grollen,
Runensang und Racherufe,
Die aus Weibermund erschollen;

Frommer Mönche leises Walten
Im Konvent zu Dreizehnlinden,
Sanft bemüht, durch Lieb' und Lehre
Trotz und Wahn zu überwinden;

Ihre Hymnen, gottesfrohe,
Die bei Tag und Nacht erklangen,
Die den Sieg des Christenkreuzes
Jubelnd in die Berge sangen;

Und darein des Waldes Rauschen
Und dazu der Brandung Stöhnen:
Alles will zu einem Liede
Dumpf und hell zusammentönen.

Sei's, und sei es euch gesungen,
Die ihr wohnt an Ems und Lippe,
Ruhr und Diemel, Neth' und Emmer:
Alle seid ihr edler Sippe;

Alle sprecht ihr eine Sprache,
Frommer Mutter biedre Söhne,
Ob sie rau im Waldgebirge,
Weich in Sand und Heid' ertöne.

Kinder ihr der Sachsengaue,
Nehmt das Beste, was ich habe:
Gern gereicht, ist unverächtlich
Auch des kleinern Mannes Gabe.

Denkt, ich böt' euch Heideblumen,
Eine Handvoll, die ich pflückte,
Als mit herbstlich gelbem Laube
Sich bereits der Osning schmückte.

Rügt es nicht, wenn ich den Helden
In der Heimat Farben male;
Dünkt er manchmal euch ein Träumer,
Nun, er war ja ein Westfale:

Zäh, doch bildsam, herb, doch ehrlich,
Ganz wie ihr und euresgleichen,
Ganz vom Eisen eurer Berge,
Ganz vom Holze eurer Eichen.

Heut noch ist bei euch wie nirgend
Väterbrauch und Art zu finden;
Darum sei es euch gesungen,
Dieses Lied von Dreizehnlinden.

Doch ein Uhu murrt dawider:
»Rau sind deines Sanges Töne,
Und der Netheborn, der dunkle,
Deucht mir keine Hippokrene.

Lass das Leiern, lass das Klimpern!
O es schafft dir wenig Holdes;
Bessres Klingen, bestes Klingen
Scheint das Klingen mir des Goldes.

Und die eigne Haut zu pflegen,
Ist vor allem mir das Erste;
Bau im Garten deine Rüben,
Bau im Felde deine Gerste!

Lass die schimmligen Scharteken
Unterm Kessel rasch verrauchen:
Kohlen sind's, die wir bedürfen,
Dämpfe sind's, die wir gebrauchen!

All den Wust papierner Träume,
Grubenschätze, die vermodern,
Dass sie endlich nützlich werden,
Unterm Kessel lass sie lodern!

Nur das Einmaleins soll gelten,
Hebel, Walze, Rad und Hammer;
Alles andre, öder Plunder,
Flackre in der Feuerkammer.

Mag es flackern, mag es flammen,
Dass die Wasser sprühn und zischen
Und der Welt zerrissne Stämme
Hastig durcheinandermischen;

Denn das große Ziel der großen
Zukunft ist die Einerleiheit,
Schrankenloseste Bewegung
Ist die wahre Völkerfreiheit.

Lass das Klimpern, lass das Leiern,
Wer erfreut sich solchen Schalles?
Bessres Klingen, bestes Klingen
Ist das Klingen des Metalles.« –

Gelber Neidhart, alter Uhu,
Wohl versteh' ich deine Meinung:
Bist du doch der seelenfrohen
Gotterlösten Welt Verneinung!

O du möchtest sie im Mörser
Erst zerstäuben und zerreiben,
Um in Tiegel und Retorte
Dann den Geist ihr auszutreiben!

O du würfst sie in die Arme
Gern dem Moloch unsrer Tage,
Daß sie ganz in Rauch zergehe
Nach Sibyllenwort und Sage!

Alter Uhu, gelber Neidhart,
Mag's dich ärgern und verdrießen:
Dennoch grünt ein reicher Garten,
Wo der Menschheit Rosen sprießen;

Dennoch blüht die weiße Lilie,
Und im Grottenheiligtume,
In des Waldes fernstem Tale
Träumt die stille blaue Blume.

Dennoch klingt es aus den Lüften,
Aus des Haines Dämmerungen,
Und die Amsel hat ihr letztes
Lied noch lange nicht gesungen;

Und die Nachtigall im Busen,
Sie wird jubeln, sie wird klagen
Jeden Lenz, solang auf Erden
Rosen glühn und Herzen schlagen.

aus: Weber, Friedrich Wilhelm: Dreizehnlinden, Paderborn 1878; zitiert
nach: Weber, Friedrich Wilhelm: Dreizehnlinden, Paderborn 1980, S. 7
ff.

Nicole Drude
Frühjahrsbepflanzung von Jacqueline van der Kloet
Gräflicher Park Bad Driburg

magentafarbene Tulpe
deren Kleid von überkopf
nach unten schwingend
stülpt wie eine Seerose
die sich in der Wasser-
oberfläche spiegelt
Sanduhr, durch die
die Zeit des Frühjahrs rinnt
Konfettisturm aus Pastell-
farben geht nieder im
Grün der Staudenpolster
schwingt auf schlanken
Stengeln nach
Becher der bunten Tulpen
saugen Sonnenwärme
ein am Gneisbett
rot wie Klatschmohn
Miniaturbecher, wie
frühere Adonisröschen
hingeblutet
Narzissa, die schöne
Sonnenblüte schaut
allüberall hin ins
eigne Angesicht
Reifrock der jungen Braut
mit ihren Gespielen
am Tag der Tage
steigen Blüten in den
Himmel wie Luft-
ballons rosé und weiß
Muscariglöckchen
erklingen leise, leise
atmet der Wind
ihr Lied
weiße Magnolienwächter
sind angetreten, Fackeln
aus Schneetreiben
durchdringen Puschki-

nien die Erde als erste
entkommen dem
Hochtal Swanetiens
im fernen, fernen Kauka-
sus treffen blaue
Nadelstreifen zusammen
im Kegel der Blüten
gefährdete Vielfalt der Arten

Nicole Drude
Piet Oudolf Garten   Gräflicher Park Bad Driburg

Breites Band, das amethyst-
geschmückt mäandert
lila blau ins Grün
gesetzt Hügel aus
Gras von unten durch
den Grund getrieben
weicher als Moos
durchfeuchtet von
Mulden in denen
Wasser wächst
Blüten aufgesteckt an Spießen
Hüte aus Sonnenstrahlen
gewirkt
Fiederborsten, lichtes Gras
Krallenspinnen der Prärie
Schleier aus Flieder vom Meer
Tradeskantia verknotet sich
im Wald aus Halmen
vor den Dickblattgewächsen
skulpturale Skyline
der violetten Landschaft
atmet Sanftmut aus
Kalksteinwürfel als Parkett
die rau an den Sandalen schleifen
Kies der in der Wärme knirscht
schwarze Katze nascht
im Beet mit weißer Pfote
von der Minze, die
sie angezogen hat

Nicole Drude
Abendstimmung – Licht im Piet Oudolf Garten

Wie in jedem Auge Widerschein
auf die Pupille projiziert
im Narzissen Tête-à-Tête
der letzte Sonnenstrahl flaniert
stehen sie im Licht
stehen sie im Dunkel
das bestimmt die
große Fotografin
Sonne, die versinkt
ein Goldstück macht
die Beete golden-creme
matt-grau nehmen
sich die Stiele aus
und Blätter silbern schön
im Nahen sehe ich ihr
ins Auge
sehe in die Kelche
die zur Neige glühen
die weißen Wächter schon im Schatten
lasst mich meiner
Tage ziehen
ein Streif Wald
scheidet noch den
Horizont
bald wird die Sonne
untergehen

Nicole Drude
Herbst im Piet Oudolf Garten   Gräflicher Park Bad
Driburg

Samtborkige Echinacea
Blutweiderich
Teleskopkronenhäupter
Blutaugen blinzeln
zarte Amethystjuwelen
brandroter Knöterich
Meerflieder bronze-
farbene ungesponnene
Seidenwolken
Iriskapseln schwarzbraun
filigrane Sträuße
Arme voll
Wollweiße Knöpfchen-
Kissen
Tradescantiasamen-
Schiffchen
erbsen- und gelb-
grüne Blätter ein
Millefeuilleteppich
viele Karten, die
auf den Tisch gelegt werden
Katzenminze schlicht
lila
kamelbraune Pfeifen-
putzer im Herbstrauch
Vögel verabschieden
sich
Mädchenauge Ane-
mone sie ist die
Zarteste der Schönen
weiß und rosé
Anklang des Frühjahrs
zum Ende hin ein
Ausblick auf den
Anfang
senfgelb Schafgarbe
brennt schweflich
im Silbergrau

Krähen raunen
Pfefferminze wie
rosa Konfetti
scharf und süß
Asterngloben
ganze Galaxien
von Sternen
Salvien
Ikebanaanemonen
tanzen
Echinacea
Federspiele mit
Borstenbesatz
rotorangene Nadelspitzen
Zimtlaub
der Storchenschnäbel
leise sagt die
weiße Anemone
Geh, es wird
kalt
Zu wem ich
gehe? An meiner
Hand ist noch
der scharfe Duft
der Pfefferminze
Nachtfalter fliegen
starr
spielt die Garbe schwefelgelb
im Klang mit
roter fetter Henne
dieser Duft...
mir scheint, als
duftet es nach dir

Nicole Drude
Piet Oudolf Garten im Gräflichen Park Bad Driburg im Winter

Suite in Black, Brown and Beige
Ich kreuze Spuren im Schnee
Wolken aus Eis am Boden
Zahnsägeblättchen
ruhen aus von der Mühe
des Sommers
feinste Rispen enden
den Halm, der lichten
Ocker saugt
Umbrakronen, Häupter
der fetten Henne
dunkel wie Erlen am
stillen Bach
Blätterlappen falten sich
fast grün
im Harsch
feinere Rispenbündel
regieren die Luft
in Goldocker
Dolden an Blütenspießen
tischen auf die Kälte
starrer Eissee
kamelfarbenes Haar
der Gräser hockt
ein Hase stiebt davon
feinere Spieße mit Sommer
Samen zittern rotbeige
neben Umbra ruht
wie samtene Polster
Wüstenparadiese im Eis
Schotenstände schwarz
und leer
kleine Fahrt vom Aussichtshügel
Eiscremehauben auf den
Mähnenposten vom vergangenen Jahr
strähnig blond
Winterlicht beglänzt
so wird Ocker Gold

Viele Spuren, die
ich kreuze, während
Nesselbälle nach mir
werfen
Kannst du sie lesen
oder gehe ich in
deinen Spuren?

Rudolf Schimke
Am Frühling vorbei

Es schwebt herab aus blauem Grund
Die Frühlingsluft, sie öffnet Poren
Und macht, was grau ist, herrlich bunt
Und macht, dass Kaltes geht verloren

Der Frühlingshauch lässt alles wanken
Nicht wissend, ob es ernst gemeint
Er bricht entzwei, was noch an Schranken
Damit Entzweites wird vereint

Nur wir, wir sitzen dumm herum
Und denken arg und denken hart
Und grübeln uns die Seele krumm
Das ist halt leider unsre Art

Friedrich Wilhelm Weber
Hirtenfeuer

Ich reite tief im Tale
Einsam durch Rohr und Moor,
Ich suche die rechte Straße,
Die ich im Dunkel verlor.

Da droben hat der Schäfer
Sein Feuer angefacht,
das winkt und wankt im Winde
Und dämmert durch die Nacht.

Das war mein Herz, das brannte
In heil'ger Opferglut,
Das war mit seinen Flammen
Mein jugendlicher Mut.

Das war des Glaubens Fackel,
Die gab so milden Schein,
Das war mein heißes Lieben,
Das glühte so heilig und rein.

Das Feuer ist gesunken,
Der Schäfer hat's nicht bewacht,
Der Herbstwind rauscht und schauert,
Und sternlos ist die Nacht.

Ich reite tief im Tale
Einsam durch Rohr und Moor,
Ich suchte die rechte Straße,
Die ich im Dunkel verlor.

aus: Schwering, Julius: Friedrich Wilhelm Weber. sein Leben und seine Werke, Paderborn 1900, S. 128; zitiert nach: Gödden, Walter (Hrsg.): Friedrich Wilhelm Weber Lesebuch, Köln 2018 (Nyland Stiftung – Nylands Kleine Westfälische Bibliothek Band 79), S. 12 f. (zusammengestellt von Rüdiger Bernhardt) // online zugänglich in der Bibliothek Westfalica des Landschaftsverbandes Westfalen-Lippe: www.bibliothekwestfalica.de

Helmut Blepp
Frost

Das Eis trägt uns über den Fluss müssen wir gehen
oder unten in seiner Furt stapfend durch den Schlamm
der im Sommer stinkend trocknen wird bei Niedrigwasser
während die weißen Bäuche erstickter Fische die Ufer
säumen
doch noch treiben uns die kalten Böen Grind in die Nase
der Atem gefriert uns im Gesicht wie Schneeriesen
wanken wir durch diese Bonsailandschaft aus
Krüppelkiefer
und leblosem Gras niedergetrampelt von Verirrten wie
uns
einer in der Spur des anderen blau gefroren die Füße
stolpernd nach drüben wo die Feuer brennen von
feuchtem Holz
und Rauch schwebt über den Wiesen kein Obdach und
doch begehrtes Ziel wenn das Frösteln nicht enden will
die Schauer im Rhythmus der stechenden Lungen
kommen
derweil unsere Tränen im Wind zu Perlen erstarren
einzig verbliebener Schatz der verrinnen wird sobald wir
im Kreis sitzend in die Flammen starren damit
unsere trüben Blicke tauen und sich treffen können über
dieses flackernde Fanal hinweg das ebenso verlockend
wie beängstigend weil endlich ist denn zu gehen tut weh
zu bleiben aber bringt einen Schlaf der sanft tötet
nachdem
die Scheiter eingestürzt und die letzten Funken verweht
sind
noch bevor der erste Sonnenstrahl uns heimführen kann

Michael Hellwig
150 PS

150 Pferde tragen mich über die Straße.
Kurve, Kurve, Gerade, Kurve.
Das Fernlicht brennt
eine Schneise ins Dunkel.

Kein Gegenverkehr. Kein Haus?
Noch circa eine Stunde
allein mit dem Autoradio.

»Nach 400 Metern rechts abbiegen und der A 45 folgen«,
weist mich die Frauenstimme im Navi an.
150 Pferde schnauben.
Wollen galoppieren.

Eline Menke

Der Schäfer hat's nicht bewacht

Mit den Schafen

grase ich Träume ab. Suche
meine Kindheit im Heidekraut.

Der Wind strickt Geschichten aus
Wolle, wickelt Tage ein, die kratzen.
In meiner Erinnerung

knurren Hunde am Rande
der Nacht, halten Gedanken in
Schach. Scherenschleifer

wetzen ihre Worte
am Stahl des Himmels.
Im Funkenflug

flieg ich davon.

MARIA LENZEN

Maria Lenzen
Frühlingsnahen

Der erste Lerchenschlag aus klaren Lüften,
Des ersten Veilchens duftig Wunderblühen,
Des ersten Wandervogels muntres Ziehen,
Ein junges Lamm auf zart begrünten Triften!

Die Silberwolken, die das Blau durchschifften,
Des Abendhimmels dunkles Purpurglühen,
Die Blitze, die den Wettern schon entsprühen,
Dies reiche Spiel von Tönen, Farben, Düften!

Wohl deutet es auf nahe Zauberstunden,
Die einst mein Herz erfüllt mit süßem Ahnen
Und schmerzlich jetzt mich an Verlornes mahnen.

Doch bluten sanfter meine tiefen Wunden.
Denn was einst Freuden schuf dem jungen Herzen,
Bringt jetzt ihm Trost in hoffnungslosen Schmerzen.

aus: Wiedenhöfer, Joseph (Hrsg.): Maria Lenzen, geb. di Sebregondi.
Ausgewählte Gedichte. Aus ihrem Handschriftlichen Nachlaß, Dorsten
1908; zitiert nach: Gödden, Walter (Hrsg.): Maria Lenzen Lesebuch,
Köln 2015 (Nyland Stiftung – Nylands Kleine Westfälische Bibliothek
Band 52), S. 11 (zusammengestellt von Edelgard Moers) // online zu-
gänglich in der Bibliothek Westfalica des Landschaftsverbandes West-
falen-Lippe:www.bibliothek-westfalica.de

Helmut Blepp
So früh schon so spät

Ich rieche den Frühling wieder
er ist älter geworden
blasser im Licht
mit Stunden ohne Takt

Seine Wasser säuseln nur noch
ich kann am Ufer liegen
Vogelgesänge auf der kribbelnden Haut
heimwärts weht linde Erinnerung

Der Kompost vom letzten Herbst
wärmt noch die Kröten
schlafende Erde unter mir
und Abschied über allem

Gudrun Güth
Frühling

Nicht eine Lerche oben überm grob gepflügten Feld
Am Wegrand Löwenzahn mit Plastikköpfen
Die Lämmer reiben sich an Zäunen wund
Und Stiefel graben Löcher in die Erde

Ich weiß, Marie
Ich hab nicht deinen Blick
Ich schau nach vorn
Nein, nicht zurück

Die Dunkelwolken brauen sich zusammen
Am Abendhimmel hängt der Kraftwerkrauch
Ein Donnerblitz entlädt sich in der Ferne
Ich hör's, ich seh's, ein bisschen rieche ich es auch

Und doch ich bin's zufrieden
Der neue Frühling ist ganz nah
Marie, wir beide wandern wieder

Wir denken kaum an alte Schmerzen
Über die Wunden wächst das frische Gras
Windkarussells dreh'n sich mit großen Flügeln
Und Silberwünsche die sind einfach da

Michael Hellwig
Vogelstimmen

Weißes Winterschweigen soll vergehen
Zaghaft kämpfen erste Vogelstimmen
Versuchen die Sonne zum Bleiben zu bewegen
Über den Wolken die Vögel des Glücks

Eline Menke
Nach dem Winter

Wohl deutet es auf nahe Zauberstunden

Wieder bin ich erschrocken
über die Zartheit des Grüns, die Versöhnung der Gräser
mit der Erde, ihre Schlagfertigkeit gegenüber der Sonne.

Wie ruhig die Kinder des Windes
im Halbschatten spielen, Hand in Hand mit der Stille.
Nichts als Luft vor dem Küchenfenster.

Der Garten, umflossen von Blau, reicht dem Frühling
das Wasser. Über mir Flugmanöver,
ein Falkenschrei dehnt meine Brust.

Christian Reinöhl
Winternahen

Der Winter kommt. Das Eis ist in den Lüften,
Die letzten Lichter sterben und entfliehen,
Derweil wir Menschen auf dem Boden knien,
Und einsam beten (schmerzhaft für die Hüften).

Obwohl wir uns mit Kummer selbst verblüfften,
Dass unsere Helligkeit uns nur geliehen.
Die Vögel sehen wir von dannen ziehen,
Und Abschied naht von Sommerherbstes Düften.

Hast du den Tod der Zeit als schlimm empfunden,
Du weißt es doch: Man kann das Glück nicht planen,
Was werden wird, wir können's nicht mal ahnen.

Uns bleibt die Hoffnung nur, einst zu gesunden.
Denn hoffend können wir vielleicht verschmerzen,
Wie kalt es in uns ist, in unsren Herzen.

Rudolf Schimke
Frühling in Fesseln

Traurig die Tropfen
Trübe das Licht
Der Lenz ohne Wärme

Wohin treibt die Zeit?
Warum diese Traurigkeit?

Die Knospen treiben
Und suchen das Licht
Zurück wir bleiben
Uns lässt man ja nicht

Maria Lenzen
Gebrochene Fesseln

Wie ein Gefangner lebt ich Jahr um Jahr:
Der Städte Mauern, dumpfer Stuben Wände,
Von deren Enge ich umgeben war,
Ersetzten Hügel mir und Fruchtgelände.

Statt frischer Lüfte atm ich heißen Staub.
Der Straßen hallend Netz hält mich umschlungen.
Wann ist ein Quellenmurmeln, flüsternd Laub,
Ein Lerchenschlag mir wohl ins Ohr gedrungen?

Ermüdet ist der Geist, beengt die Brust.
Soll ich noch atmen, muß das Band ich sprengen,
Das hier mich hält; hinaus! in frischer Lust
Mich an dein Herz, du große Mutter, drängen.

Hinaus, hinaus! in deiner Wälder Schoß,
In Licht und Schatten, Klang und Duft zu baden.
Du machst von all dem schweren Druck mich los,
Mit dem die Welt die Seele mir beladen.

Du, stets dieselbe, dennoch ewig neu,
Nimm mich zum steten, liebenden Begleiter.
Denn du allein, Natur, du bist getreu,
Sei rauh dein Antlitz, sei es sonnenheiter.

aus: Wiedenhöfer, Joseph (Hrsg.): Maria Lenzen, geb. di Sebregondi.
Ausgewählte Gedichte. Aus ihrem Handschriftlichen Nachlaß, Dorsten
1908; zitiert nach: Gödden, Walter (Hrsg.): Maria Lenzen Lesebuch,
Köln 2015 (Nyland Stiftung – Nylands Kleine Westfälische Bibliothek
Band 52), S. 81 (zusammengestellt von Edelgard Moers) // online zu-
gänglich in der Bibliothek Westfalica des Landschaftsverbandes West-
falen-Lippe: www.bibliothek-westfalica.de

Helmut Blepp
Chlorophylitisch

Euer Himmelblau ist voller Schwären
vermischt mit dem Dotter aus Legebatterien
malt ihr Landschaften aus rotzigem Sud

Euer Lind ist ein sterbendes
sich nährend aus giftigem Morast

In euren Wäldern bricht trocken die Erde auf
und der Humus aus dem letzten Laub
legt sich ätzend über die Wunden

Die Kindheit eurer blassen Kinder
ist nicht meine Kindheit
als Grün noch selbstverständlich war
und mein Blick die Welt beschien
durch den Boden einer Flasche

Wie streunte ich damals
von Wiese zu Weide
durchs Dickicht ins Feldgehölz
wie brach das Licht durchs Blätterdach
wenn rücklings ich nach Atem rang

Was war da alles möglich
das Leben ein Farbenspiel
die Zukunft immerwährende Regenbogen
als Brücken zwischen den Jahren
und wurden Schätze verhießen
so tauchten die auch auf
aus dem saftigen Grund

Auf eurer Palette mischt Grau sich mit Grau
kein Schwarz kein Weiß kein Kunterbunt
das es braucht um das Morgen sich auszumalen
die Tristesse in Pracht zu verwandeln
Klecks um Klecks ein Teppich aus Abenteuern
voller Schattierungen und unerhört
bis in die feinste Faser

Iris Gassenbauer
Sollbruchstellen

Blick aus dem obersten Stockwerk des Himmelskratzers zum Empordrängen von Stahlgewächsen, von Betonranken. Glasscheibe an Stirnscheibe. Die Hitze drückt von außen an das Verbundsicherheitsglas und herinnen flappert die Klimaanlage. Sie hält mich gefangen in ihrer Labung; Stockholmsyndrom, obwohl ich den Forst nicht sehe und nicht die Hügel und Plantagen mit ewiggleichen Apfelbaumreihen, pestizidbefreit und makellos.

Atmen, nur atmen möchte ich außerhalb der temperierten Filterluft, die in die Lunge schneidet, aber draußen wirbeln die Staubwinde von den brachen Feldern her und überdröhnen sich Verbrennungsmotoren und Abluftanlagen. Die Alten erzählen noch von Sonntagsausflügen an Bachbetten und von Amselgesängen im Spätsommer; Mären sind es, verschwindend in dem Atemgerassel der Stadt.

Die Gedanken hängen fest im Testbildflimmern. Der zähe Schaum, aus Enge geboren, wattiert jeden Funken und lässt das Denken pingpongen zwischen dieser Wand und der nächsten. Es lockt das Draußen, doch ist es verstellt vom Stadtwald, von den blinkenden Fassaden, den Autodächern, den Gleisanlagen, alles in perfektionierter Erdrückung. Niemand wartet dort und längst wurde die Mutternatur bodenversiegelt.

Das Dröhnen überkommt mich des Nachts und ich stoße vor, befreie mich aus kühlen Laken dann laufe ich bloßfüßig ins Draußen; niemand hält mich auf. Laufe die Sohlen blutblasig bis an die Stadtwaldgrenze, dort halt ich endlich inne und steh lauschend, der Druck auf der Lunge eisenklammert mich in den Nacht-Tau des Bodens. Allda finde ich Ruhe, erschöpft und schwer beladen.

Mein Ruf nach dir hallt zehnfach mir entgegen, ein Hohn des Echos in mir selbst. Ich liege müßig und erwarte Erlösung, doch nichts rührt sich außer der Bewusstheit in mir: dass es zu spät ist, um zu bitten. Dein Antlitz ist schon lang ein anderes, und wenn wir dich erkennen, ist Sonnenheitres feuerbrünstig geworden, ist Raues Vorgeschmack auf mehr.

Michael Hellwig
Flucht

Ich muss hier raus
sagst du
Willst Orte sehen, die wir nie gekannt
Ob Wüste, Berge oder Meer
Nur fort
Ich gehe mit dir, doch ich weiß
Das Innen lassen wir hier nicht zurück

Kerstin Riechert
Momentaufnahme

Der Herbstwind singt in deinen Ohren. Du trittst fester in die Pedale. Das Singen soll nicht aufhören. Laub raschelt unter den Fahrradreifen, als du den Park durchquerst. Blätter treiben durch die Luft, tanzen im Wind, bevor er sie weiter weht: Gold, Orange, Rot umschwebt dich. Ein Blatt landet auf deiner Schulter. Du entfernst es nicht. Soll es ein Stück weit dein Herbstschmuck sein, bis der nächste Windstoß es davon trägt. Da fliegt es schon. Du siehst ihm nach: Orangerot schaukelt es vor dir her und verschwindet aus deinem Blickfeld – wer weiß wohin. Was für ein Vergnügen, an so einem Tag unterwegs zu sein, draußen zu sein, die Stadt hinter dir zu lassen mit ihrem Stein und Asphalt und Beton. Du erreichst die Birkenallee – leuchtend gelb das Laub. So blau der Himmel darüber. Nie ist der Himmel so blau wie im Herbst. Du bleibst stehen, zückst das Handy, möchtest festhalten, was man nicht festhalten kann: diesen Tag in Gold und Blau. Du hältst das Handy weit über dich, fotografierst in den Himmel, in die Baumkronen.
Eine Frau mit Hund kommt dir entgegen, mustert dich verwundert, weil du in die Luft fotografierst. Sieht sie nicht, was es da zu sehen gibt?

Ulrike Schönfelder-Hellwig
zurück

in der Städte dumpfen Mauern
Getümmel
Unzahl verwirrender Geräusche
flirrender Staub in engen Straßen
Reklamebilder zersetzen mein Gehirn
Vogelstimmen
Insekten tanzen im Garten
Morgentau auf Duft der Blüten
Buch im Liegestuhl
Sonnenlicht
Ich fall in meine Träume

Simone Steger
whiskeyflügel

die blauen lippen deiner zähne
wölben sich über das fleisch deines kalten mundes,
wenn du am zahnstocher kaust.

atemgraue nebelwolken flirren durch die kneipe,
mein kopf klemmt unter dem tresen, die hand
wäscht 20, 30, 40 mal spülboy rauf und runter.

4 kümmerlinge, 4 mal glotzen und jaulen,
krabbelnde blicke meinen nabel hinauf.
mein blut kocht, der wuttank brodelt.

ein spruch voller demütigung hallt in meinem ohr.
die woge aus hass und ekel steckt in meinem hals,
meine finger zittern am zapfhahn.

deine hornhaut fasst zwischen die gläser,
fummelt an den deckeln und sucht eis für
die nächste runde whiskey on the rock.

ich kreische nach innen. nur spaß,
quietschen deine blauen lippen und
plötzlich greife ich die flasche.

dein schrei lässt sie zucken,
der whiskey ergießt sich über deinen kopf.
eine frau schreitet durch die dunklen straßen.

MATHILDE FRANZISKA ANNEKE

Mathilde Franziska Anneke
Ausias March[1]

Erster Gesang [Auszug]

Gen Süden hin ! in's Land der Blumenauen –
Gen Süden hin – in's Land voll Sonnenglanz !
Dort unterm Himmel, dem azurnen, blauen,
Dort bei dem silberlichten Wellentanz
Laßt uns der Erde schönstes Eden schauen ; –
Aus seinen Hainen brecht das Reis zum Kranz,
Reicht dem ihn, – der, wie himmlisch es geschienen,
Euch schilderte – ich kann ihn nicht verdienen !

Wie strahlt der Schmelz ! wie ringt im ew'gen Streite
Des Himmels und der Erde Farbenpracht.
Dann wird der Goldglanz reicher Früchte Beute,
Dann leiht dem Meer die Sonne Strahlenmacht.
Als ob der Himmel eifernd sich bereite
Durchflammt ein Meteor die laue Nacht !
Hoch blüht der Wein auf den besonnten Höhen,
Im Blumenschmucke woll'n sie ewig stehen.

---

[1] Mossèn Ausiàs March (* um 1397 in Gandia, Provinz Valencia; † 3. März 1459 in Valencia), valencianischer Schriftsteller und Ritter des späten Mittelalters.

aus: [Franziska] von Tabouillot geb. Giesler (Hrsg.): Damenalmanach, Wesel 1842, S. 25; zitiert nach: Gödden, Walter (Hrsg.): Mathilde Franziska Anneke Lesebuch, Köln 2015 (Nyland Stiftung – Nylands Kleine Westfälische Bibliothek Band 49), S. 7 (zusammengestellt von Enno Stahl) // online zugänglich in der Bibliothek Westfalica des Landschaftsverbandes Westfalen-Lippe:www.bibliothek-westfalica.de

Iris Gassenbauer
Südsonnig

Gertrud steht bis zu den Knöcheln im Meer und seufzt aus der Lunge heraus, ein tiefes Seufzen, das sie sonst für ihren Sohn reserviert hat, falls dieser wieder einmal anruft, um von seinen neuen Projekten zu erzählen, oder für Günther, ihren Mann. Der bekommt das Seufzen regelmäßiger ab als der Sohn, was auch daran liegt, dass diesem nur selten einfällt, sich telefonisch zu melden, geschweige denn, tatsächlich vor der Tür zu stehen. Aber wenn sich Günther morgens mühsam zur Seite und aus dem Ehebett rollt und seine Beine aus der gemeinsamen Decke befreit, da hört er schon das Getrudseufzen, und später am Frühstückstisch, wenn er mit dem Buttermesser ins Marmeladeglas fährt, dann schmettert es ihm von der anderen Tischseite aus entgegen. Wenn er die Zeitung auseinandernimmt und falsch zusammenfaltet, wenn er in seiner Tasche nach dem Haustorschlüssel kramt, wenn er den Zugplan studiert und dann erklärt, in welchem Abteil sich der Speisewagen befindet, ein Seufzen. Und jetzt wieder, aus der Getrudbrust. Ihre Schultern zittern dabei. Er sieht es, weil er einige Schritte hinter ihr am Strand steht und eben ein Foto machen will von der Meeresbucht und ihrem Sommerkitsch, den Wellen, die Sonne tragen.

Gertrud gräbt die Hände in die Hüften und denkt an daheim. Der Arzt hatte ihr den Süden empfohlen. Gegen die kalten Füße und gegen das trübe Gemüt. Gegen die Rheumaschübe und die Bandscheibenschmerzen. In den Süden hatte er sie geschickt. Wie die Kaiserin damals zum Luftkuren. Gertrud steigt von einem Fuß auf den anderen, Wassertreten. Zwischen ihren Schulterblättern löst sich ein Schweißkügelchen aus der Porenfeuchte und findet seinen Weg abwärts. Das Glück hatte er ihr versprochen im Süden, in der Sommerwärme. Im Sehnsuchtsort. Aber jetzt ist sie da, allgegenwärtig nach den Wochen des Vorfreuens, und spürt nur den Güntherblick im Rücken und die Erdrosselung der Mittagssonne ganzkörperlich. Gertrud will es sich nicht eingestehen, denn so sehr hat sie darauf gehalten, auf den Süden und die weichen Arzthände, als sie ihr eine Überweisung geschrieben haben. Aber sie ist unglücklich hier an diesem Ort, dieser Südkulisse, der unerträglichen Langeweile der Gegenwart. Zwischen den Zehen quillt der Sand, die Knöchelchen und Muschelpanzer der vergangenen Jahrmillionen. Gertrud denkt an die letzten zwei Abende gemeinsam mit Günther, denkt Plastiktischtuch und Sodawasserlimo, denkt Streunerkatzen und andere Menschen ringsum im Hotelspeisesaal, die sich schick gemacht haben für das gemeinsame Abendessen. Auch Getrud hatte extra Rouge aufgetan und sich die Haare geföhnt nach dem Bad im Chlorwasser, hatte Lidschatten getupft und sogar die engen Schuhe angezogen, dann hatten sie sich lauwarme Nudeln vom Buffett auf Industrieteller geladen und schweigend gegessen. Getrud wartend, ob etwas käme, Günther kauend, auf jeden Bissen konzentriert, als folge er hoher Mathematik dabei. Nach einer Dreiviertelstunde hatte Gertrud, die ewig Passive, die Serviette vom Schoß auf den Teller geschnalzt, in die Nudelreste, und somit ein Aufwallen inszeniert, das an Günther vorbeigegangen war, weil dieser noch immer gekaut hatte. Zurück im Zimmer hatte Getrud die Schuhe unter Tränen von den Füßen gekickt, einen unter das Bett, einen gegen die Kastentür, und war mit dem Lidschatten im Gesicht in die weißen Hotelkissen gekrochen, in der Hoffnung, sie alle zu besudeln und so wenigstens irgendeinen Eindruck zu hinterlassen. All das sitzt ihr im Kopf, die Knöchel im Meer. Gertrud seufzt noch einmal, das Warten presst geduldig die Luft aus ihr heraus. Günther macht geräuschvoll ein Foto mit seiner Handykamera, dann entfernt er sich in den Schatten. Gertrud bleibt auf ihrem Standpunkt, hinausgewandt und mittsonnig. Es dauert eine Weile, dann aber erkennt sie weiter draußen etwas. Auf dem silberlichten Wellentanz entsteht Schaumgeborenes und zuerst vermutet sie die Finne eines Fisches, dann aber wird daraus eindeutig eine Gestalt, wankend zuerst, dann kraftvoll. Gertrud blinzelt mehrfach. Es ist ein Mann, wabernd im Gegenlicht zeichnet sich seine Umrahmung als etwas, das Gertrud nicht als Trugbild anerkennen will; er ist den Wellen entwachsen, gerader Blick, gerade Nase, Haare knapp zu den Schultern reichend und ein weites Hemd, worunter es Gertrud entgegenblinkt, als säße dort Metall. Gertrud wischt Schweiß und Sonnencreme aus den Lidschattenaugen, woraufhin die Sicht noch mehr trübt, aber sie hat sich dennoch nicht geirrt; unter dem Mann bricht nun ein größerer Körper aus den Wellen. Es spritzt sich ein ganzes Pferd hervor und dreht dabei die Ohren in alle Richtungen. Der Mann darauf edel und klug, eine Hand um die Zügel, die andere am Saum des Sattels, der reich bestickt nun aus dem Mittelmeer vor Valencia hebt. Gertrud starrt, erst als das Pferd zwei, drei kräftige Sätze macht und direkt über die Wellen heranprescht, tut auch sie einen Schritt; jedoch nicht zurück ans Ufer, wie es nur vernünftig gewesen wäre. Nein, hinaus und dem Ritter entgegen, der keine Anstalten macht, sein Pferd zu parieren.

In dem Moment aber, als Gertrud den Aufprall aus Pferdekörper und Ritterkörper gegen das Eigene schon beinahe spürt, brandet eine Welle an ihr hoch und wirft sie nach hinten. Wasser flutet ihre Nasenlöcher, flutet das Innenohr und den Rachen, der in erwartungsvollem Staunen offenstand, und spült über die Augen hinweg, die auch im Fallen noch weit aufgeklappt sind. Es überschlägt sich der Gertrudkörper am Strand von Valencia. Es fallen die Beine über den Kopf und der Kopf über den Nabel und die Knie an den Ohren vorbei. Dann stimmt die Reihenfolge von Gliedmaßen, Meer und Himmel wieder und Gertrud kommt wankend in die Höhe. Schon der erste Blick schießt hinaus und sucht den Ritter und sucht das Pferd. Nichts mehr. Nichts mehr als das ewige Wasser und das ewige Wellengewanke und Sonnenlichtgeschaukel. Gertrud schwindelt. Die Güntherhand, die endlich zur Rettung heraneilt, schüttelt sie mit einer einzigen, heftigen Bewegung los. Setzt sich, um luftzutrocknen. Am Abend trinkt sie schweigend Limonensaft und reibt an den Salzkristallen in ihren Haaren. Weit draußen über dem Meer hellt etwas durch den Himmel, meteorgeschweift.

Als sie tags später abreisen, bleibt ein Paar enger Schuhe im Zimmer zurück. Der Reinigungsmann wird sie unter dem Bett und gegen die Kastentür gelehnt finden und seiner Frau bringen.

Michael Hellwig
Zum Horizont

Ich sehe morgen
Was ich heute nicht sehe
Was ich gestern geträumt habe
Was übermorgen Erinnerung ist
Die ich nie vergessen will

Michael Schwendinger
Antwort an Mathilde Franziska Anneke

Gen Norden hin ! in's Land der weißen Dünen –
Gen Norden hin – in's Land voll Mondeswacht !
Dort überm Eismeer, dem unendlich, kühnen,
Dort in der frostbewehrten Winternacht
Lasst uns der Lande kleinsten Fleck ergrünen ; –
Entzündet in der Kälte Feuerpracht,
So können wir uns an den Flammen wärmen,
die Blicke wandern und die Geister schwärmen !

Wie strahlt der Schmelz ! wie oben sich vermählen
Der Funken und des Mondes Farbenschein.
Dann wird sich Gold aus reichem Silber schälen,
Dann glimmt der Blick, erglänzet unser Hain.
Als ob der Tag samt Nacht zusammen zählen
Durchstreift ein Nordlicht diesen samtnen Schrein !
Tief ruht der Geist in den beglänzten Klüften,
den zarten Schleier der Natur zu lüften.

Mathilde Franziska Anneke
Vor Marseille

Zu nachstehendem Gedicht muss die Bemerkung über einen Vorfall der im Laufe der Zeit in Vergessenheit gerathen zu sein scheint, hier eingeschaltet werden. Als Kossuth[1] von seinem Exil in der Türkei aus die Vereinigten Staaten besuchen wollte, sandten diese dem Freiheitskämpfer die Fregatte »Mississippi«, um ihn über das Weltmeer zu holen. Das Schiff sollte im Hafen von Marseille anlegen. Napoleon jedoch, jeder Volksdemonstration feindlich, liess den Befehl ergehen, die Vereinigte Staaten Fregatte im Hafen von Marseille nicht landen zu lassen, um so mehr nicht, da die Bewohner der Stadt, d.h. der dritte und vierte Stand, ihm eine Empfangsovation zugedacht hatte. Ein Arbeiter liess es sich nicht nehmen den Kämpfer für Freiheit und Menschenrecht an dem Gestade Frankreichs zu begrüssen. Er schwamm eine Meile und weiter durch's Meer hindurch bis an Bord des Schiffes und rief die Worte, die zu dem nachstehenden Gedicht Veranlassung gaben, dem edlen Helden entgegen:
»Wer will der kann!« – – –

II

Im Hafen von Marseille,
Wo zur Reveille
Das wilde Lied, gleichwie des Meeres Brausen,
Sich oft vereinigt mit des Sturmes Sausen
Im Völkerbrand,
Auf Frankreichs blut'gen Pfaden.
Ein Gast
Heut an den blühenden Gestaden,
Reicht er empor die Hand,
Die Niemand hier erfasst?!
Hier, wo des hohen Liedes freier Ton
Ertönt zum Gruss dem hohen Freiheitssohn?
Wer aber will das Gastrecht denn entehren?
Ein *freies Volk* will es dem Freien wehren?

187

»Ein freies Volk?!« o welcher Spott und Hohn!
Syrenenglocken läuten diesen Ton,
Syrenen um den Bord in vollen Chören,
Dein glühend Herz im Schlummer zu bethören.
Vorüber nur --- vorüber, leerer Traum!
Noch keine Heimath nicht an diesem Saum!
Noch an den blühenden Gestaden nicht,
Die Liebe hier die Heimathkränze flicht.

So träume, – – – träume! dass aufs Neue füllt,
Die große Seele mit der Heimath Bild,
Wie einst es allerarten blüht empor
Wenn »Deine Lilie am Blüthenschaft,
Entringet sich der jungen Knospe Haft«
Und unser Morgen steigt aus Ostens Thor,
Der *goldenen Freiheit*, licht und rein hervor.

[1] Lajos Kossuth de Kossuth et Udvard (1802-1894) war Rechtsanwalt,
Politiker und in den Jahren 1848/49 einer der Anführer der ungarischen
Unabhängigkeitserhebung gegen Österreich.

aus: Republik der Arbeiter – Centralblatt der Propaganda für Verbrüde-
rung der Arbeiter, [?]/USA, 29. November 1851; zitiert nach: Gödden,
Walter (Hrsg.): Mathilde Franziska Anneke Lesebuch, Köln 2015
(Nyland Stiftung – Nylands Kleine Westfälische Bibliothek Band 49), S.
77 f. (dort zitiert nach einem Typoskript [Abschrift] aus dem Nachlass.)
(zusammengestellt von Enno Stahl) // online zugänglich in der Biblio-
thek Westfalica des Landschaftsverbandes Westfalen-Lippe:
www.bibliothek-westfalica.de

Marec Béla Steffens
Die Loreley geht nach Texas

Ich weiß nicht, was soll es bedeuten, daß ich so traurig bin ...
Nein. Das ist passé. Ein neues Lied muß her, jetzt, da ich in Texas bin!
Daheim in Deutschland, da saß ich auf dem Fels, hoch über dem Rhein, kämmte mir das güldene Haar und sang mein Lied dazu. Meinen Sirenengesang!
Die Schiffer lenkte das wohl manchmal ein wenig ab. Die Bagage! Sollen sie besser aufpassen. Wenn sie Strudel und Stromschnellen nicht bemerken, weil sie stur nach oben glotzen, was kann ich dafür!
Am Ende hatte ich jede Menge Ärger daheim in Deutschland. Mußte ins Exil. Wie so viele von uns in den bösen Tagen nach der gescheiterten Revolution. Die Achtundvierziger, so nennt man uns.
Richard Wagner, der Komponist auf den Barrikaden von Dresden, der mußte auch die Heimat verlassen.
So wie Heine! Heinrich Heine, mein höchsteigener Poet.
Wie auch die Anneke, Mathilde Franziska.
Ich schrieb ihnen allen, Kommt nach Texas! Richie Wagner, Harry Heine, so 'ne richtige Mathilde, und ich, die Loreley. Mein lieber Herr Gesangverein, wir hätten Texas gerockt!
Allein, sie wollten nicht kommen. Heine nach Frankreich, Wagner in die Schweiz.
Mathilde ging nach Milwaukee. Ihr Sohn machte eine Brauerei auf. Nicht übel, das Bier, aber ich bin nun 'mal mit Rheinwein getauft.
Auf Umwegen schlich ich mich aus dem Land. In Südfrankreich fand ich ein Schiff. *Marseille, das wilde Lied, gleichwie des Meeres Brausen!*
Das Reisegeld mußte mir Harrys Onkel vorschießen, Herr Salomon Heine, Bankier zu Hamburg.
Verkleidet ging ich an Bord. Kein Kapitän, der seine fünf Sinne beisammen hat, würde die Loreley auf seinem Schiff dulden!
Der Bootsmann hat's wohl geahnt. Immer wieder raunte er mir zu: Sing nur einen einzigen Takt, und ich werf' dich ins Meer!

Und ich nur: Singen? Ach was, wozu sollt' ich denn singen?

So, nun sitz' ich in Texas. Könnt' nach La Grange geh'n, bekannt durch Karl May.

Oder ich bleibe in Houston. Houston, wir hab'n ein Problem? Ich doch nicht.

Ein Rienzi-Museum gibt's hier, ein Name von Wagner höchstselbst.

Und Alligatoren zuhauf! Die sah ich im Rheinstrome nie. Was sind das für schöne Tiere. Pechschwarz im silbrig glänzenden Wasser.

Und singen können sie auch. Ich Solo, und sie dann im Chor!

Ich weiß nicht, was soll es bedeuten – und sie dann: *Watet ins Wasser, watet ins Wasser, Kinder ...* Das singen sie gern, das ist ihr Lockruf. Bevor sie zubeißen.

Ich, die Loreley, dazu die Alligatoren. Wir passen zusammen. Wie Pech und Schwefel!

Die Loreley firmiert jetzt in Texas. Kommt alle, folget mir nach!

Die gold'ne Freiheit tritt licht und rein hervor!

GEORG WEERTH

Georg Weerth
Das Hungerlied[1]

Verehrter Herr und König,
Weißt du die schlimme Geschicht?
Am Montag aßen wir wenig,
Und am Dienstag aßen wir nicht.

Und am Mittwoch mussten wir darben,
Und am Donnerstag litten wir Not;
Und ach, am Freitag starben
Wir fast den Hungertod!

Drum lass am Samstag backen
Das Brot fein säuberlich –
Sonst werden wir sonntags packen
Und fressen, o König, dich!

aus: Kaiser, Bruno (Hrsg.): Die Achtundvierziger. Ein Lesebuch für unsere Zeit, Weimar 1952, S. 331 f.

[1] »Das Hungerlied« ist das letzte Gedicht aus dem 1844/45 entstandenen elfteiligen Zyklus »Die Not«. Es wurde zu Georg Weerths Lebzeiten nicht publiziert.

Melanie Babenhauserheide
Kannibalismus-Skepsis (Gesang der
Besserwissenden)

wir fressen heut kein höh'res Wesen
nicht Kaiser König noch Tribun
der Wert der treibt mit seinem Wesen
den Hunger gnadenlos um uns herum
verhöhnt die Arbeit derer die uns füttern
als schlechtere im bunten Tauschgeschäft
der Hunger scheint natürliches Geschehen
das Sattsein schlechterdings verdientes Los
der Bonzenhass verbirgt die Ahnung
dass Gleichbehandlung Gleichheit nur verspricht
der Fremdenhass verhüllt die Ahnung
dass jeder Wert in seine Schuld verstrickt
das malt das Bild der Unausweichlichkeit
und grenzenloser Unaufhaltsamkeit
das Rettung niemandem verspricht
und doch wäre es heute nötig
was anderes herbeizuwandeln
denn »zart wäre einzig das Gröbste:
daß keiner mehr hungern soll«

Petra Bobbenkamp
Das Hungerlied

Verehrtes Mitglied unserer Gesellschaft,
Weißt du die schlimme, abscheuliche Geschicht?
Am Montag ward das Spiegelbild abgeschafft,
Und am Dienstag trafen wir die Namen nicht.

Und am Mittwoch vergaßen wir die Zeit,
Und am Donnerstag verloren wir den Ort,
Und ach, am Freitag waren wir so weit
Gelaufen wieder und wieder fort von dort!

Drum lass uns am Samstag nach WIR gieren
Und viel Zeit miteinander verbringen –
Sonst werden wir sonntags uns verlieren
Und Alois' Tochter nicht niederringen!

Jan Brauns
Die Klage Kenias

Kenia, Ostafrika,
Einst stolz und frei, dann zweifach Kolonie,
Jetzt offiziell auf eig'nen Beinen, und unter Korruption.
Viel Kapital liegt tief im Boden,
              und China baut die Eisenbahn.

Kleinbauern hoch im kargen Norden,
Kinder, Kühe, Frau und Mann.
Kein Regen schon seit Ewigkeit,
Kein'n Halm, erst recht kein'n grünen Strauch,
              erblickt dein Auge weit und breit.

Kanister kommen leer zurück,
Der Kran versiegt, der Brunnen war einmal,
Ein jeder Weg vergebens.
Tankwagen bringen teures Nass, die Kasse leer wie auch
                    der Magen,
              nur Bäuche schwellen für 'ne Weile an.

Sammelt Kartons als karges Mahl für uns're Kühe!
Milchloses Kälbermuhen, stimmlose Kinderblicke.
Kein Schulkind wagt sich auf den Weg durch Staub und
                    Hitze,
Die Lehrerin verwaist im Klassenraum,
              und drüben, an der kleinen Kirche,
                  ein weit'res Kindergrab.

Kinder, Kühe, Neo-Kolonie,
Korruptes Klima, karge Katastrophe,
Kein Therapeutikum für Aids oder Corona,
Kein Wasser, kostbarstes Gut für alle Kreatur,
              und viel zu selten nur ein interessierter Blick für
                  Kenias Norden.

Gudrun Güth
Lied

Ihr üblen Regierungsmänner
Ihr kennt die böse Geschicht
Auf der Welt leiden sie Hunger
Und ihr ihr seht sie nicht

Am Sonntag mussten sie fliehen
Sie wissen nicht mehr wohin
Ihr alle wollt nur siegen
Das macht doch keinen Sinn

So lasst die Waffen nun strecken
Verkündet Frieden im Land
Lasst niemanden mehr verrecken
Sonst werdet ihr strafmündig verbannt

Michael Hellwig
Mittelmeer

Da kommt euer Kaffee, den wir anbauen,
statt Mais für unser tägliches Brot.

Da kommt der Kakao für eure Schokolade,
geerntet von unseren Kindern.

Da kommt das Palmöl für eure Schönheit,
für das wir den Regenwald roden.

Da kommt der Kautschuk für eure Autoreifen,
dessen Preis unseren Lebensunterhalt nicht sichert.

Hier kommen – hungrig und voll Angst – wir,
die ihr nur wolltet, als wir Sklaven waren.

Kathrin B. Külow

da stehst du nein
du standest mitten auf der straße
bewegtest im rhythmus die lippen
um dich passanten
sahen nicht auf
die augen schmal müd
gingen sie standest du
auf der suche nach
wonach
standest du
strecktest die hand aus
saßest
strecktest die hand aus
schritte schuhe
ganz nah

Eline Menke
Ein Mund voll Salz

Weißt du die schlimme Geschicht?

Bananenkisten, Treibgut
nichts Teures, wir hoffen
auf Rabatte des Meeres.

Hände, die wie Vögel flattern über
Fundstücken, ins Weiße
geblichen.

Schwemmgut, gewaschen im
Vollrausch der Flut, betrunken
vom Himmel über uns.

Begleitet von Möwen, den
Habenichtsen, tragen wir
Beute heim.

Kerstin Riechert
Veronikas Lockdown

Sie war verblüfft, ungläubig, ja geradezu beleidigt. So etwas kam in ihrer Lebenswelt nicht vor. Sie war ein Westkind. Leere Regale! Das war etwas, das Veronika von Kindheitsbesuchen bei den DDR-Verwandten kannte, dass manche Artikel einfach nicht zur Verfügung standen. Aber hier? Aber ihr? Wie konnte ihr so etwas passieren? Das war in ihrer Welt nicht vorgesehen. Verdattert hatte sie auf dem übervollen Supermarktparkplatz gestanden. Wollten die etwa alle einkaufen? Der Mann mit den beiden Einkaufswägen voller Wasserkästen: Was machte der? Rüstete der sich für den dritten Weltkrieg? Ja, sicher, auch sie wollte noch einkaufen, bevor die Läden auf unbestimmte Zeit schlossen, aber doch nicht so. Sie schüttelte den Kopf.
»Verrückt nicht?«
Sie wandte sich um. Erkannte Mareike, eine ehemalige Kollegin von einem früheren Arbeitsplatz, die den Kampf schon hinter sich hatte und ihren Einkauf gerade zu ihrem Auto fuhr.
»Es gibt keine Hefe mehr – alle wollen sie noch schnell Hefe hamstern und Mehl. Dabei können die meisten gar nichts damit anfangen. Wer backt denn heute noch selber? Die wissen doch gar nicht wie das geht.«
Mareike gestikulierte ärgerlich.
Veronika erinnerte sich, dass Mareike immer gern und gut gebacken hatte. Sie grinste schief:
»Ich brauche bestimmt keine Hefe, du weißt ja, ich bin keine große Bäckerin.«
Sie verfolgte fassungslos, wie ein Paar gleich drei übervolle Einkaufswägen an ihnen vorbei manövrierte.
»Ich wollte einfach nur einkaufen. Ja, vielleicht ein bisschen bevorraten, aber doch nicht so«, sie wies auf die Einkaufswagentroika.
Mareike hatte geseufzt: »Na, dann viel Spaß. Da drinnen ist der Teufel los. In Gestalt unserer anscheinend alsbald verhungernden Mitbürger ... also, bleib gesund!«
»Du auch.«

Nun stand sie auf ihrem Balkon und versuchte zu verstehen, dass sie, tatsächlich sie, diese Krise erlebte. Sie, die zu einer Zeit geboren war, in der Wohlstand eine Selbstverständlichkeit war, in einem Land, in dem es alles gab und alles möglich war. Immer. Dass es heute unmöglich war, egal wie viel Geld sie geboten hätte, eine Packung Toilettenpapier zu bekommen, das lag außerhalb ihrer Vorstellungswelt. Dass nicht einmal Geld half. Sie hatte allen Ernstes mit Mirko, ihrem Balkonnachbarn, verglichen, wie viele Rollen sie jeder noch hatten. Sich gegenseitig im Notfall auszuhelfen, hatten sie sich vorsichtshalber nicht angeboten.

Wie gut, dass sie wenigstens den Balkon hatte. Den winzigen Balkon zur Straße hin, den sie nie richtig genutzt hatte, weil er ihr zu klein war und zu ungemütlich. Jetzt freute Veronika sich, dass sie ihn hatte. Sie faltete das Papiertütchen auseinander und begann, die Bohnensamen in der Blumenerde des letzten Jahres zu versenken.

Rudolf Schimke
Hunger und Leid

Hunger und Leid
Damals und jetzt
Es hat sich viel geändert
Naja, bei uns vielleicht

Hunger und Leid
In Afrika, in der Ukraine
Das ist weit weg
Und nicht bei uns

Naja, noch nicht

Rolf Schönlau
Hedonist oder Asket?

Zwei frische Brötchen und zwei vom Vortag, dazu hatte es gerade noch gereicht. In der Bank, wo die Geldüberweisung ankommen sollte, kannte man sie bereits, die beiden späten Hippies aus Deutschland, denen man seit Tagen voller Bedauern mitteilen musste, dass der Streik der israelischen Post weiter andauere. Wie lange noch, das könne niemand vorhersagen.

Wie würden sie ihre beiden Brötchen essen, in welcher Reihenfolge? Amelie gönnte sich zuerst das frische, Horst dagegen sparte es sich für später auf und stillte seinen schlimmsten Hunger mit dem alten. Sie amüsierten sich darüber, machten eine Typenlehre daraus und probierten sie an den Touristen aus, die am Damaskus-Gate in die Altstadt strömten. In den meisten Fällen waren sie sich in der Beurteilung einig, wenn nicht, fragten sie die Leute, wie sie sich an ihrer Stelle entschieden hätten.

So kamen sie mit vielen ins Gespräch und mussten immer wieder erzählen, wie sie in die Zwangslage gekommen waren. Man riet ihnen, in einen Kibbuz zu gehen, dort zu arbeiten, bis das Geld da wäre. Das hätten sie längst probiert, winkte Horst ab, aber nichts weiter bekommen als eine warme Mahlzeit. Erstaunen in den Gesichtern. Dann regelmäßig die besorgte Frage, wo sie denn schliefen. Es wäre doch kalt jetzt im Winter hier oben in Jerusalem, unter Null. Die beiden zuckten mit den Achseln: Da habe sich bisher schon immer etwas gefunden.

Natürlich versuchten sie, ein bisschen Geld zu verdienen: Ein paar Schekel am Tag kamen meist zusammen, auch mal zwei oder drei Dollar. Nein, nicht mit Betteln! Die Vermutung wies Horst empört zurück. Sie gingen einfach dorthin, wo die Touristen waren, um ihnen Souvenirs zu verkaufen: kleine Umhängetaschen, selbst geschneidert aus den bestickten Beduinenjacken, die sie sich in der Jerusalemer Altstadt gekauft hatten, bevor sie zum Überwintern ans Rote Meer gefahren waren. Man wusste sich schließlich zu helfen als Traveller, darauf legten sie Wert, Traveller zu sein und keine Touristen.

Die Palästinenser, die mit ihren Kamelen und Eseln am Ölberg oder am Garten Gethsemane auf die Reisebusse warteten, um die Touristen zum Fotografieren aufsitzen zu lassen, hatten bald begriffen, warum die beiden Deutschen den ganzen Tag lang auf dem Parkplatz saßen und Täschchen nähten. Sie duldeten die beiden, mehr noch, sie halfen ihnen und drückten Horst, wenn ihre Geschäfte gut gelaufen waren, abends ein paar Münzen in die Hand: Damit sie sich etwas zum Essen kaufen könnten!

Die beiden fühlten sich wie geadelt. Ihr Weltbild war wieder in Ordnung, nach der Sache im Hotel. Auf Horsts Frage, ob sie dort wohnen bleiben könnten, auch ohne das Zimmer wie üblich im Voraus zu bezahlen, nur für ein paar Tage, bis der Streik beendet wäre und ihr Geld angekommen, hatte der palästinensische Besitzer ihn gleich auf ein Glas Tee eingeladen: Er würde sie doch nicht auf die Straße setzen – No problem! – nur ihre Pässe, die bräuchte er als Sicherheit.

Was darunter zu verstehen war, bekam Amelie gleich am nächsten Morgen zu spüren. Kaum hatte sie, wie gewohnt, in aller Frühe allein das Zimmer verlassen, um draußen zu malen, kam sie schreiend zurückgerannt: Förmlich ausgezogen mit den Augen hätten sie die Männer an der Rezeption, während der Hotelbesitzer schmierig gelächelt und ihr mit ihrem eigenen Pass zugewinkt habe. Heilfroh, gerade noch genug Schekel zusammenkratzen zu können für die letzte Übernachtung, packten sie ihre Sachen und verließen das Hotel.

Was sie getan hätten, wenn der Streik noch länger angedauert hätte: Die Botschaft? – Alles, nur das nicht! Da hätten sie eher gebettelt. Doch soweit sollte es nicht kommen, denn als Amelie und Horst am dritten Tag nach der Brötchenprobe morgens in die Bank kamen, rief man ihnen schon an der Tür zu, das Geld sei da.

Georg Weerth
Lieder aus Lancashire

4.
Der Kanonengießer

Die Hügel hingen rings voll Thau;
Da hat die Lerche gesungen.
Da hat geboren die arme Frau –
Geboren den armen Jungen.

Und als er sechzehn Jahre alt:
Da wurden die Arme strammer;
Da stand er in der Werkstatt bald
Mit Schurzfell und mit Hammer.

Da rannt' er den Ofen in den Bauch
Mit schweren Eisenstangen,
Daß hell aus Schlacken und aus Rauch,
Metall'ne Bäche sprangen!

Kanonen goß er – manches Stück!
Die brüllten auf allen Meeren,
Die brachten die Franzen in's Ungelück,
Und mußten Indien verheeren.

Die warfen Kugeln, leidlich schwer,
Den Chinesen in die Rippen;
Die jauchzten Britannien's Ruhm einher
Mit eisernen Kehlen und Lippen.

Und immer goß der lust'ge Held
Die blitzenden Geschütze:
Bis ihm das Alter ein Bein gestellt –
Die Fäuste wenig nütze.

Und als sie versagten den Dienst zuletzt:
Da gab es kein Erbarmen;
Da ward er vor die Thür gesetzt,
Wohl unter die Krüppel und Armen

Er ging – die Brust so zornig weh,
Als ob sie der Donner durchgrollte,
Von allen Mörsern, die er je
Hervor aus den Formen rollte.

Doch ruhig sprach er: »Nicht fern ist das,
Vermaledeite Sünder!
Da gießen wir uns zu eig'nem Spaß
Die Vierundzwanzigpfünder.«

aus: Heß, M[oses] (Hrsg.): Gesellschaftsspiegel. Organ zur Vertretung
der besitzlosen Volksklassen und zur Beleuchtung der gesellschaftli-
chen Zustände der Gegenwart. Fünftes Heft, Elberfeld 1845, S. 196 f.;
zitiert nach: Gödden, Walter (Hrsg.): Georg Weerth Lesebuch, Köln
2018 (Nyland Stiftung – Nylands Kleine Westfälische Bibliothek Band
78), S. 21 f. (zusammengestellt von Bernd Füllner) // online zugänglich
in der Bibliothek Westfalica des Landschaftsverbandes Westfalen-
Lippe: www.bibliothek-westfalica.de

Michael Hellwig
thyssenkrupp-Sonett
Die dicke Bertha zitiert reimlos, nicht immer ungereimt

Die strategische Partnerschaft mit EPCG ist ein
bedeutender Schritt
zur Sicherung einer resilienten, kosteneffizienten und
klimaschonenden
Stahlproduktion von thyssenkrupp Steel.
Ohne Einschnitte wird es nicht gehen.

DIE ROTE LINIE IST LÄNGST ÜBERSCHRITTEN
FÜR SOZIALE GERECHTIGKEIT UND DEMOKRATIE
WIR FORDERN BESCHÄFTIGUNGSSICHERUNG
UNSERE ALTERNATIVE HEISST SOLIDARITÄT

WIR LASSEN UNS NICHT SPALTEN
ZUKUNFT STATT KÜNDIGUNG
STAHL IST ZUKUNFT: VOR ORT

STARK IN STAHL
WIR HABEN GRENZEN GESETZT
UNSERE ZUKUNFT HAT EIN HERZ AUS STAHL

Christian Reinöhl
Brief an Georg Weerth

Wer bitte, Herr Weerth, soll mit einem Kanonengießer leiden, der eifrig bestrebt ist, Waffen zu gießen und Zerstörung zu konstruieren, bis er irgendwann einmal nicht mehr gebraucht wird? Klar, armer kleiner Mann und so, der von den pöhsen pöhsen Adligen dazu gebracht wird, seine Kraft darein zu stecken, dass sie Krieg spielen können... Aber unschuldig ist doch anders, oder? Vielleicht ist meine Meinung ja politisch naiv, aber niemand sollte sich darüber beschweren, ausgebeutet zu werden, wenn er an der Vernichtung anderer Völker arbeitet. Pazifismus ist gerade nicht so große Mode, ist mir auch bewusst. Bloß: Wenn es keine Waffen gäbe, wäre es sehr viel leichter, sich einen allgemeinen Frieden vorzustellen. Und davon ist unser kleiner, bedauernswerter Kanonengießer ja selbst am Schluss weit entfernt, wenn er drohend davon träumt, seine Fähigkeit auch mal gegen seine Auftraggeber einzusetzen. Ich kann mir jedenfalls durchaus überzeugendere Stimmen für ein friedliches und gerechteres Miteinander vorstellen... nicht diskreditiert durch jahrzehntelanges unkritisches Herstellen von etwas, das auch bei gutgläubigstem Kopf-in-den-Sand-Stecken ganz offensichtlich nichts anderem als Tod und Zerstörung dienen kann. Vielleicht ist Appeasement-Politik ja in jedem Fall verachtenswert und bloß gutgläubiges Menscheln, das in Wahrheit nur den Bösen dient, aber immerhin ist es eine Haltung, für die ich zumindest, ja, ich geb es zu, erst einmal Respekt empfinde... Hingegen erst dann betroffen sein, wenn es ans eigene Leder geht, und vorher nach Möglichkeit noch jeden Cent durch fröhliches Kanonengießen (und Inkaufnehmen, dass andere Leute erbarmungslos abgeschlachtet werden) mitnehmen – wer soll das bewundern oder hier auch nur mitfühlen? Ich habe nichts dagegen, wenn man sich ungerecht behandelt fühlt (zumal wenn das Gefühl auf konkreten Erfahrungen fußt), aber der kleine Kanonengießer bei Ihnen ist für mich keinen Deut besser als diejenigen, die die Kanonen in Auftrag geben... auch wenn es einfach gesagt ist, weil ich zur Generation gehöre, die keinen Hunger mehr hat (zu-

mindest nicht mehr solchen Hunger wie die Leute viel-
leicht damals, als es sicher revolutionär war, sich auch
mal gegen die Herrschenden zu positionieren). Die Frage
nach Haltung mag zugegebenermaßen auch immer eine
Frage danach sein, wie viel man zu beißen hat. Aber
auch, wenn ich den Kanonengießer verstehe, gutheißen
muss ich seine Handlung noch lange nicht, und ent-
schuldigen auch nicht.

THEODOR ALTHAUS

Theodor Althaus
Ein Paradies im Sturm

Wild um das Haus den Schneesturm trieb der Wind
Und riß herauf in den Kamin die Flammen –
Ein Abend, wie sie nur im Norden sind;
Im hohen Saal saß ich mit ihr zusammen.

Sie reichte mir des deutschen Dichters Buch,
der mir so oft das kalte Licht beseelte;
war ich ergriffen von des Sturmes Zug,
daß ich ein stürmisch Lied zum Lesen wählte?

Es sang von dunkler Noth und Erdenlast,
Wie ich so oft sie quälend, lastend fühlte:
Sang von der Seele Kampf – das war mir fast,
als ob der Sturm da draußen um mich wühlte!

Und seine Sprache wurde mir vertraut,
Er trug das Lied und mich auf seinen Schwingen,
Das wilde Lied, in dem ein jeder Laut
Aus Nacht und Sturm sich schien emporzuringen.

Und wie ich las des Sieges Flammenwort
Das endlich aufloht aus den Finsternissen:
Da war's, als würde mir die Seele fort
Im Flammenwehn und Lodern mitgerissen.

Zu ihr aufsah ich. Ihre Wangen bleich,
ihr Auge feucht, von Geist und Liebe glühend –
mein Liebesstern, mein selig Himmelreich,
mein Paradies, in Sturm und Norden blühend!

aus: Sonntagsblatt zur Weser-Zeitung, Bremen, den 13. Juli 1845 (Artikel anlässlich des 25jährigen Thronjubiläums von Leopold II. im Fürstentum Lippe); zitiert nach: Althaus, Theodor: Zeitbilder von 1840 – 1850. Hrsg. von Renate Hupfeld; Bielefeld 2010 (Veröffentlichungen der Literaturkommission für Westfalen Band 40. Reihe Texte Band 16), S. 23

Susanne Ulrike Maria Albrecht
Du bist mein Licht an dunklen Tagen

Ich liebe
hemmungslos und ohne Schranken,
bin gefangen in meinen Gedanken,
Sklave meiner Leidenschaft,
wie lange habe ich die Kraft,
auf dem Seil zu balancieren,
gewinne ich dich, werde ich verlieren?
Doch eines möchte ich dir sagen,
du bist mein Licht an dunklen Tagen,
und erreiche ich dich auch nicht,
so bleibt mir doch, ich liebe dich.

Helmut Blepp
Novizen

Leben verstehen
den Dunst durchschauen
lieben ohne Not
Frost aufhalten

Einfach zuhören
bei triefendem Himmel
sich zurücknehmen
angesichts der Trauergesänge

Dauer ruht
in den Irrwegen
zwischen Tag und Nacht
Hilfe im warmen Wort

Da draußen
suchen sie uns
und wir suchen mit
noch unbeholfen

Michael Hellwig
Ein Sturm im Paradies I
und nicht KI hat Theodor Althaus' Worte verwirbelt

Im hohen Norden sang ich ihr das wilde Lied von Schneesturm im deutschen Paradies, Und ein dunkler Geist von Noth und Kampf beseelte sie: der reichte ihr auf seinen Schwingen ein Flammenwort von Erdenlast. Das Flammenwehn wühlte Ihre Liebe von der Seele – und um mich war's, als würde jeder Laut stürmisch mitgerissen, fort mit Zu des Sieges Haus! Da mir die Seele endlich aufloht aus den Finsternissen, sind der Sang und seine Sprache blühend; vertraut fühlte ich Es: Wie so oft schien Wild in den Flammen mein Liebesstern. Das kalte Auge wurde mir feucht, ich saß und las, daß des Sturmes Zug mein Himmelreich herauf trug; Und das Lodern wählte mir den Abend, sich selig emporzuringen! – trieb bleich der Wind da draußen mir mein Licht und Lied zusammen? Und ich war wie Er ergriffen, wie sie nur aufsah, als ob in ihr Ein Lied in Nacht und Norden. Sturm um mich, ich Sturm, so oft ich Sturm, das war mir lastend, quälend fast – Im Saal, die Wangen glühend, riß Sie das Buch des Dichters zum Lesen Aus dem Kamin.

Michael Hellwig
Ein Sturm im Paradies II
und nicht KI hat Theodor Althaus' Worte schon wieder
verwirbelt

Im Haus, im hohen Saal um den Kamin, las ich mit ihr
zusammen
das selig Lied von des Dichters Paradies,
in dem oft das Licht aufloht von Norden.

auf seinen Schwingen trug der Wind mir seine Sprache
herauf,
des Sieges Lodern: Das wilde Flammenwort – Er sang's,
Sang den Liebesstern – und sich ein Himmelreich in den
Abend und die Nacht.

Und ich war ergriffen, wie mein Lesen sie beseelte;
um sie nur das Lied, und ein jeder Laut war ihr da
blühend,
Ihre Wangen glühend, ihr Auge stürmisch wie von der
Seele Kampf.
Und wurde Das Ein Zug mir, daß ich so mitgerissen
schien?

vertraut war mir mein Lied,
als ob mein Geist Wild zum Norden reichte!

Es wählte endlich der Sturm Sie mir,
als würde ich Flammenwehn;
Da ich aufsah, von Buch und Sturm mich emporzuringen,
sind bleich die Flammen der Noth.

fast fühlte ich Wie so oft Sturm lastend aus mir wühlte,
und in des Sturmes Seele saß das kalte Aus:
Und draußen trieb Im Schneesturm feucht Erdenlast –
riß mich fort Zu dunkler Liebe und quälend deutschen
Finsternissen!

216

Michael Hellwig
Ein Sturm im Paradies III
und nicht KI hat Theodor Althaus' Worte ein weiteres Mal
verwirbelt

Zu quälend Wild der Abend zusammen mit des
deutschen Dichters glühend Lied.
ich saß, Er sang von mir, von Finsternissen: wie so oft
sie mich ergriffen.
Und der Seele dunkler Sang wühlte Geist Und Buch,
daß Sie, als ob fast die Flammen mein selig Himmelreich
mitgerissen,
auf seinen Schwingen das Licht Im hohen Saal herauf
trieb.

Ihre Noth trug ihr Das Flammenwort in den Kamin,
der Wind wurde Sturm um mich,
und des Sturmes kalte Erdenlast riß Sprache des Sieges
mir fort;
Und ich – und ich, ich reichte zum Lesen ihr Ein feucht
blühend Lodern;
um emporzuringen Im Flammenwehn den Liebesstern.

sie wählte von dem Schneesturm sich ein Lied, in den
mein Auge bleich aufsah:
Wie Kampf nur aufloht – das war so oft im Norden der
lastend beseelte Zug von Liebe –,
schien mir das wilde Lied da draußen,
als würde mir in Sturm und Nacht ein jeder Laut vertraut!

und seine Wangen sind Aus Sturm,
ich fühlte Es, ich war
und endlich las die Seele wie aus Norden mir und ihr das
Haus,
Das Da war's, mein stürmisch Paradies!?

Eline Menke
Was in der Luft liegt

Und seine Sprache wurde mir vertraut

Wie eine Fichte fällt der Tag,
meine Worte riechen nach
frisch geschlagenem Holz.

Einen Spalt weit öffnet sich
die Nacht, etwas singt
auf deiner Haut.

Plötzlich schert der Mond aus,
wir liegen brach
im Regen.

Aber ich glaube nicht
an Scherben im Wolkenbruch,
alles bleibt ganz und nah.

Was sich löst, sind nur Schatten
über dem Atem, vom Sprechen
in Dunkelheit.

Christian Reinöhl
Höllenspiel

Wenn wir am Abend beieinander sind,
so schön vertraut, gekuschelt und zusammen,
und dann ein neuer Liebesfilm beginnt,
das beste von den möglichen Programmen,

dann spür ich, Leben ist bloß ein Versuch,
der oft genug den wahren Kern verfehlte:
Statt stürmisch, wahr, ist's nichts als ein Eunuch,
der mich und andre nie so toll beseelte.

Dagegen Kino, ach! Welch ein Kontrast!
Romantik, die ich durch den Äther fühlte!
Ein echter Seelenkampf, und mir ist fast,
als ob mir sanfte Hand die Wangen kühlte.

So echt ist die Fiktion und so vertraut,
mich kann die Fernsehwirklichkeit bezwingen.
Ich höre zu, gebannt, und jeder Laut
Ist wahr für mich. Ich möchte tanzen, singen.

So wird die Couch zu meinem Zufluchtsort,
ein Traum von meinem Lebensleckerbissen.
Und glücklich reist die Seele von mir fort
ins Nirgendwo – ich lebe in Kulissen.

Ich sehe auf zu dir. Und deine Wangen bleich,
dich ängstlich um das Los der Stars bemühend.
Mein Liebesstern, mein selig Himmelsreich,
Für mich nicht, nein, für andre bist du glühend.

Kerstin Riechert
Winterbeginn

Ich sitze noch immer in dem Sessel, in dem ich saß, als ich dich leichthin fragte, ob es stimme, was man mir erzählte.
Ich dachte, du würdest lachen, verwundert den Kopf schütteln und fragen:
»Und das glaubst du?«
Du lachtest nicht.
Dein Schweigen dauerte zu lange.
»Es ist also wahr«, stellte ich fest.
Ich schickte dich weg. Weg von mir, weg aus unserer Wohnung, weg aus meinem Leben. Zu ihr.
Du gingst, ohne Widerstand zu leisten, als hättest du genau darauf gewartet.
Ich erinnere mich, dass etwas in mir gefror.
Ich blieb am Fenster sitzen. Dort, wo ich gesessen hatte, als du wieder einmal spät, viel zu spät nach Hause kamst. Das Fitnessstudio, in dem du nicht warst, hat einen Namen. Aber es ist mir gleich, wie sie heißt.
Inzwischen ist es Nacht und ich sitze noch immer am Fenster. Der Winter kommt früh dieses Jahr. Es hat zu schneien begonnen. Der Wind weht stärker. Wird ein Schneesturm. Ich sitze im Dunkeln und schaue hinaus.
Sehe den Flocken zu, die im orangen Licht der Straßenlampe wild durcheinanderwirbeln. Es schneit und schneit.
Morgen wird die Stadt im Weiß versunken sein. Die Einsamkeit breitet sich vor mir aus wie eine große, verschneite Landschaft.

Theodor Althaus
Vom Meere

1. Erster Gruß

O Meeresathem, Wellenklang,
Wohl hebt ihr mir das Herz,
Doch zittert mächtiger empor
Ein niegekannter Schmerz.

Ich möchte fliehn die Welt – und mag
Doch kaum verlassen diesen Strand,
Verlassen mein in Noth und Schmach
Gebeugtes armes Vaterland.

Mir wurde trüb der Augen Licht,
Die Kraft des Lebens matt vom Gram;
Um Heilung komm' ich her zu euch –
Und möchte weinen, daß ich kam.

Dem Freund, den meine Seele liebt,
Könnt ihr nicht trostreich heilend sein;
Weil er sein Vaterland geliebt,
Ist er gefangen, fern allein.

O Fluth, du wiegst mich doch nicht ein,
Du kühlst nicht, Meer, den innren Brand!
Hinüber immer schweift der Blick: –
Mein armes, armes Vaterland!

aus: Althaus, Theodor: Aus dem Gefängniß. Deutsche Erinnerungen und Ideale, Bremen 1850, S. 55; zitiert nach: Althaus, Theodor: Zeitbilder von 1840 – 1850. Hrsg. von Renate Hupfeld; Bielefeld 2010 (Veröffentlichungen der Literaturkommission für Westfalen Band 40. Reihe Texte Band 16), S. 145

Susanne Ulrike Maria Albrecht
Träumer

Träumst du dich auch in eine andere Welt
Träumst du auch von einer besseren Welt
Dann bist du nicht allein
Lass uns gemeinsam Träumer sein
Und träumen von Frieden auf der ganzen Welt
Und von anderen Zielen
Die unser Geheimnis bleiben
Lass uns gemeinsam Träumer sein
Und wenn die anderen auch über uns lachen
Sollten wir bedenken, das letzte Lachen ist bei uns
Und das macht uns Mut in dieser Zeit
Schön, dass es dich gibt
Lass uns gemeinsam Träumer sein
Und träumen von Frieden auf der ganzen Welt,
Von Liebe und von anderen Zielen
Die unser Geheimnis bleiben
Wir wollen den Weg gemeinsam gehen
Alle Grenzen hinter uns lassen
Und unsere Träume für die anderen unantastbar machen
Wir wollen lieben, lachen und gemeinsam Träumer sein

Michael Hellwig
Gefangen

Gefangen in Träumen
Von der Weite des Meeres
Bis zum Horizont
Und darüber hinaus

Gefangen in Träumen
Von der Weite der Berggipfel
Darüber nur Wolken
Unter blauem Himmel

Gefangen in Städten
Gefangen zwischen Menschen
Gefangen von Menschen
Gefangen

Rudolf Schimke
Freiheit und Gerechtigkeit

Der Wunsch nach Freiheit lässt sich nicht besiegen
Und auch nicht nach Gerechtigkeit
Die Macht mag noch so grausam wüten
Die Zeiten lehren, dass das nicht von Dauer ist

So war es, als der Dichter
hinter deutschen Kerkermauern schrieb
So wird es sein, wenn all die bösen Männer
Sich ausgetobt in ihren leidgeprüften Ländern

Ulrike Schönfelder-Hellwig
Am Meer

Licht – Schatten
Volumen – Struktur
Oberfläche – Tiefe
Das Schicksal annehmen
Schwebe oder Entscheidung

Ulrike Schönfelder-Hellwig
Cranz

unendliche Weite, Ferne
mit Großmutter am weißen Strand
Wind, Wasser, Erinnerung
schwarze Wolken, Regen, Sturm
treiben mich in die Gegenwart

PETER HILLE

Peter Hille
Die Liebe zu Rade

Die Liebe hat sich auf das Rad geschwungen. Jedes Verkehrsmittel ist ihr recht. Auch der Moderne bemächtigt sie sich, wenn's mit der Romantik nicht mehr recht weiter will. Und bekommt neuen Aufschwung; mindestens gewinnt sie auf diese Weise eine neue Spielart. Sie erhält Zuwachs an Krankheit, Einkehr in die Natur, Leben mit ihr, Freiheit, leichte Annäherung.

Der Reiz der »wahren Weiblichkeit«, der nach mancher Ansicht leidet unter dem männlichen Aussehn und Gebaren, wird durch Kameradschaftlichkeit besser, inniger ersetzt oder je nachdem ins Maskenhafte gesteigert. Freilich könnten ahnungsvolle Gemüter durch die Hosenrolle bedenklich gestimmt werden.

Mythologisch neu belebt das Rad Fluren und Hain neu mit modernen Nymphen, Dryaden – und Faunen.

Vor mir auf leisem Fußpfade ein schlankhinwandelndes Radlerpaar. Ihre Rechte, seine Linke führen die Räder. Dann hält sie auch sein Rad, und er bückt sich über die Wiese, ihr Blumen zu pflücken. Ein wenig Äugen ihrerseits – der leise Pfad verrät kein Näherkommen – dann ein Kuß.

Wieder etwas Gehn.

Näherneigen.

Wieder Kuß!

Es war etwas Leichtes, Gelegentliches, Zierliches, Nippendes in dieser Bachstelzenliebe.

Und dann, als ich vorbeikam und vernehmlich werden mußte, dieser weiche, leisrote Mund!

Ganz recht, der paßte zu den Küssen, so frei und leicht!

Wozu aber das Bodensuchen, das nachträglich Verlegenwerdenwollen des Verbergens?

Und er? Nun, er guckte starr, als ginge ihn die Sache nichts an. So ganz unnatürlich starr.

Das sah vielleicht noch drolliger aus.

Meine Augen, die müßtet ihr verstecken, wenn's ginge, oder seitwärts richten, die haben's gesehen, nicht eure.

Jaja, paßt nur auf euren Weg!

Besser als bisher.

Sonst weiß jemand: zwei junge Menschen haben sich ge-
küßt. Und es wäre schrecklich.

Deshalb empfiehlt sich für die Lex Heinze, die die Sittlich-
keit des deutschen Volkes so wunderbar reguliert, ein Zu-
satz: das Küssen auf öffentlichen Wegen ist strafbar.

Erstdruck in: Peter Hille. Gesammelte Werke in sechs Bänden, hrsg.
von Friedrich Kienecker, Band 4: Kurzprosa und Prosa-Fragmente (II),
Essen 1985, S. 157; zitiert nach: Gödden, Walter (Hrsg.): Peter Hille
Lesebuch. Prosa und Briefe, Köln 2004 (Nyland Stiftung – Nylands
kleine westfälische Bibliothek Band 7/2), S. 72 f. (zusammengestelt von
Walter Gödden) // online zugänglich in der Bibliothek Westfalica des
Landschaftsverbandes Westfalen-Lippe: www.bibliothek-westfalica.de

Marec Béla Steffens
In der Stille dichtet Hille. Darum schreiben wir ihm gern

(Aus Schleswig-Holstein:)
Sehr geehrter Herr Hille,
der Gemeinderat hat über Ihr Anliegen, Ihre Erzählung gegen Honorar in unsere Schrüftenreihe aufzunehmen, abges-timmt. Trotz des Titels »Eine Liebe zu Rade« sieht er den Bezug zu unserer Gemeinde Rade, Kreis S-teinburg, als nicht ausreichend an, um Geld für Gedöns auszugeben.

***

(Ein ähnlicher Brief kam aus Sachsen, mit folgendem Zusatz:)
Ihr Angebot, die Handlung um einen Fahrradunfall zu erweitern, um den Bezug zum Namen unserer Stadt Radebeul zu verstärken, kann daran nichts ändern.

***

(Ein Brief aus Schwabing:)
Sehr geehrter Herr Hille,
es ist mir eine angenehme Pflicht, mich für die Zusendung einiger Ihrer Werke füglich zu bedanken. Die durch die Lektüre ausgelösten Gedanken beschäftigten mich in einem solchen Maße, daß beim anschließenden Spaziergang mein treuer Hund wiederholt Anlaß hatte, ob meiner mangelnden Aufmerksamkeit seinen berechtigten Unmut auszudrücken.
Sehen Sie dies für Ihren weiteren Weg als Schriftsteller als ein ermutigendes Zeichen an, und seien Sie meiner Überzeugung versichert, daß Ihre Gedichte und Erzählungen beim gebildeten Teil des Publikums unbedingt den gewünschten Eindruck hervorzurufen in der Lage sind.
Mit dem Ausdruck vorzüglichster Hochachtung
Ihr ergebener
Thomas Mann

***

(Der zugehörige Tagebucheintrag:)
Heute morgen siebzehn Briefe diktiert, darunter an P.
Hille. Sein »schlankhinwandelndes Radlerpaar«, sind es
wirklich ein Er und eine Sie? Bin doch auch ich ein »ah-
nungsvolles Gemüt, durch die Hosenrolle bedenklich
gestimmt«!
Sollte auch er? Quälende Unmöglichkeit, darüber offen
zu sprechen.

***

(Ein Gruß vom Dichterolymp:)
Umsonst gelebt hat einst François Villon mitnichten,
Da selbst Westphalens Urwald heut Vaganten lehret
dichten!

***

*(Ein apokrypher Abschnitt des Peter-Hille-Buchs von Else
Lasker-Schüler:)*
Petrus! Meister! Der du heißt wie die Welt heißt!
Nimmermüd folgte ich dir per pedes. Doch mein blaues
Pferd, welches ich zurückgelassen im Stalle Meines Pa-
lastes zu Theben, wie wird es zürnen, schnauben und
toben!, wenn ein arglistiger Sklave ihm hinterbringt, daß
sein Prinz Jussuf itzt auf dem Drahtesel sitzt!

***

(Gymnasium Paulinum zu Münster:)
Dem Schüler Hille wurde auferlegt, fünfzigmal zu schrei-
ben: ›Caesar equus consilium‹ bedeutet nicht ›Cäsar
fährt Rad‹.

***

(Aus den Aufzeichnungen des Dichters Christian Dietrich Grabbe:)
Hier sitze ich, zu langjährigem Detmold verurteilt. Dieser Peter Hille, hockt ganz in der Nähe. Verwandt ist mir seine Seele. Leibhaftig sah ich ihn nie. Was mußt' er auch so ungeschickt sein! Lang nach meinem Tode erst kam er in die Welt.

***

(Adressiert an eine sozialdemokratische Zeitung, für die Peter Hille tätig war:)
Lieber Genosse Peter!
Habe Deine »Liebe zu Rade« im Fahrerkollektiv besprochen. Mir scheint, ich habe bei all meinen Radfahrten etwas versäumt!
Freundschaft!
Dein Täve Schur

***

(Aus dem Nachlaß des Priesters und Dichters Jan Twardowski:)
Bruder Peter Hille!

In deinem Land, dem Vater- und Mutterland der Ordnung
wo die Revolutionäre Bahnsteigkarten lösen
wo die Räuber ihre Kundenkartei konsultieren, bevor sie ihre Messer wetzen
dort gingst Deinen Dichterweg Du: stets verknäuelt, immer geradeaus
vor Deinen Gedichten stehn wir staunend wie die Ameise vor der Morgensonne am Novembertag
ungläubig, daß solche Strophen geschaffen wurden im Land der Ordnung und der Mülltrennung

Gott liebt es beständig, uns zu überraschen
und eins muß man Ihm lassen –
Er hat Humor.

***

(Aus dem Tagebuch des halbwüchsigen Detlev von Li-liencron:)
Hat mein Präzeptor mir einen Bären aufgebunden? Muß ein Dichter gar nicht von Adel sein? Kleist, Arnim, Tolstoi, Byron ... Nun las ich Peter Hille, nicht adeliger als ein Bauer und sein Ackergaul, und doch ein Dichter.

***

(Sprachnachricht, sichergestellt bei einer Aktivistin der Letzten Generation:)
Du, sei so lieb und googel für mich einen Dichter; Peter Hille. Der hat mir 'ne Story geschickt, irgendwie total süß, mit Fahrrädern! Voll Natur! Stell dir vor: Bachstelzenliebe! Er soll mehr so was schreiben! Nur, sag ihm, nicht so mit Nymphen und Triaden, und Flora und Fauna und so was. Am besten in Leichter Sprache, dann versteht's jeder, nicht nur unsere Mitglieder:innen.
Ein alter weißer Mann, der bei uns mitmacht, mega inklusiv!

***

(Aus einer preußischen Behörde:)
Sehr geehrter Herr Hille,
für Ihre Anregung, das Küssen auf öffentlichen Wegen bei Strafe zu verbieten, danke ich Ihnen. Jedoch sehe ich keine Möglichkeit der Umsetzung. Der Reichstag hat meinen Gesetzentwurf gestutzt, geradezu verstümmelt! Und nicht genug damit: man nennt mein Gesetz *Lex Heinze*, nach einem Berliner Zuhälter!

***

(Im Vorstand der Peter-Hille-Gesellschaft:)
Diese Welle von angeblich von Peter Hille stammenden Briefen, auf die Behörden sowie auch lebende und sogar verstorbene Personen geantwortet haben – die Anwälte haben nicht ermittelt, wer dahintersteckt.
Um Schaden von unserer Gesellschaft abzuwenden: Wollen wir diese Briefaktion nicht einfach als Beitrag deklarieren, der für unseren Literaturwettbewerbs eingereicht wurde?

Peter Hille
Höhenstrolch

Ein großer Lump schreitet durch den Himmel.
Seine gewaltigen Kniee verlieren sich im strahlenden
                                                                Glanz.
Aus allen Taschen muß es fallen, aus allen zerrissen
                                                hängenden Taschen.
Und der hallende Schritt in schreienden Schuhen, stark
                                                und fröhlich singt er weiter.
Und alle Gassenjungen der weiten Welt – in grinsend ki-
chernder Freude, – lautlos schlau, sammeln die goldene
Ernte hinter diesem verwahrlosten Schreiten!
Was für ein Lump: der Weltbeglücker.

Erstdruck in: Gesammelte Werke von Peter Hille, herausgegeben von
seinen Freunden, Erster Band: Blätter vom fünfzigjährigen Baum, Berlin
und Leipzig 1904, S. 120; zitiert nach: Gödden, Walter (Hrsg.): Peter
Hille Lesebuch. Gedichte und Aphorismen, Köln 2004 (Nyland Stiftung
– Nylands kleine westfälische Bibliothek Band 7/1), S. 81 (zusammen-
gestellt von Walter Gödden) // online zugänglich in der Bibliothek West-
falica des Landschaftsverbandes Westfalen-Lippe: www.bibliothek-
westfalica.de

Michael Hellwig
Vorangehen

Den Kopf über den Wolken
Den Blick zur Sonne
ohne zu blinzeln
mit fühllosen Füßen
vor denen wir fliehen
läufst du im Kreis

Willi van Hengel
Torwartlegende

Schorsch, der beste Torwart, den unser Dorf je hatte.
Im Suff fischte er Bälle aus dem Winkel,
die er im nüchternen Zustand nur noch
aus dem Netz geholt hätte.
Heute liegt er den ganzen Tag
und die ganze Nacht auf seinem eingelegenen Sofa.
Manchmal wird er wach, wenn ich ihn besuche.
Bevor ich mich setze,
sprühe ich meine Nähe mit einem Deo aus.
Dann hol ich mir ein kaltes Bier aus dem Kühlschrank.
(Er hat immer ein kaltes Bier da.)
Nach der dritten Flasche dringt sein penetranter Geruch
                                    wieder durchs Deo.
Die Flasche Schnaps liegt
neben zwei leeren Bierflaschen
neben seinem Domizil,
seiner Weltcouch, wie er sie immer nennt.
Sie ist noch zur Hälfte voll.
Er versteht mit der Leere umzugehen.
Er schnarcht, während ich Fernsehen gucke.
Will ihn nicht aufwecken.
Wer weiß, wann er eingeschlafen ist.
Seine Tür ist nie abgeschlossen.
Im Sommer immer offen.
Bei ihm findet man nichts mehr.
Außer meine Seltenheit.
Sagt er, wenn er überhaupt was sagt.
Er hat mir sein Tagebuch geschenkt.
Nur auf der 1. Seite steht was.
... über den letzten abend legt sich mein vergessen
morgen falln mir bestimmt noch paar wörter ein vielleich
                                                    ...
Das t hat er nicht mehr geschafft.
Der blaue Kuli liegt neben der Flasche Schnaps.
Ich warte darauf, dass sie jederzeit vom Tisch rollt.
Sie will doch auch nur geliebt werden, denke ich.
Als er kurz aufwacht und mich sieht, sagt er:
ach du bists, alter hurengott, im kühlschrank is noch
                                        kaltes bier.

Beim Versuch, sich auf die andere Seite zu drehen,
mit dem Gesicht zum Sofarücken,
wäre er fast runtergefallen.

Hans-Ulrich Heuser
Ermutigung

Schreib ein Wort, einen Satz oder ein Gedicht. Zögere
nicht.
Schreibe auf, was du schreiben musst, und sage, was du
zu sagen hast.
Und wenn es niemand lesen oder hören mag, schreib
und sage es immer wieder.
Und wenn sie dich verlachen und verachten, hör nicht
hin, gönne ihnen nicht ungerechtfertigten Triumph!
Manch Schönheit der Worte wird erst spät erkannt.

Alfons Huckebrink
nänie auf den zweck

als du bittsteller*innen
heilig sprachst oder nicht
Bruder Lustig im advent
der geschichte und proto
prozessionen anführtest
hinter bundesladen geschart
flehend das aussortierte volk
gemessen im glauben im
fortschritt bemessen hungrig
die herzen nach den großen
erzählungen verheißen
den vätern zu treuem glauben
dörrfleisch gewordenes wort
brandig zwischen zähnen.

und David riesig klein
als er im Terebinthental
vor Goliath stand sich für
den einen stein entschied
ihn mit der rechten sich
erwog zur schleuder griff
ihn (den Philister) anvisierte
olympisch einsam allen mut
in einen schleudervorgang
legte in diesen großen wurf
zu trümmern barst die stirn
dem mann aus gat dem
bronzenen er fiel im kopf
den kiesel glatt geschliffen.

und Judit tugendsamst
als angesichts des kleinmuts
sie beschloss das wagnis zu
bestehen im oberkopfquartier
des Holofernes dem macht
gegeben götter zu vernichten
dem witwenliebreiz rettungslos
verfallen weinerhitzt bloßgestellt
im purpurgoldenen mückennetz

zur vierten nacht sie hatte eine
magd dabei so unterschätzt so
nüchtern wie verlässlich die das
haupt wegtrug im blutgetränkten
sack schmuck an Betulias zinnen.

Simone Steger
Schellenrasseln

Ruchlos streunt der Mönch
katzengrau
durch die Gassen Dzongs
zieht ein Wispern.

Atmen, Schellenrasseln,
der Mund
des Nackten glänzt
feucht vom Morgentau.

Beschlagen wartet die
Asche
am Dorfplatz auf den Narren.
Sehniger, rauer Leib.

Für die Reinigung ihrer aller
Seelen
klirren Schellen am Fuß
im Takt obszöner Gesten.

Der Hahn kräht,
der Yogi
setzt seine Schritte,
laut und schamlos.

Feurige Gedanken flirren.
Sing-Sang
trippelt durch die Gassen,
Greise, Mütter, Kinder eilen herbei.

Hockend auf dem Hort
der Weisheit
grunzen die Glatzen der
Mönche vor Scham und Wut.

Der göttliche Donnerkeil
lockt
Sonnenstrahlen ins Dorf,
vertreibt die hohlen Phrasen.

Mit der letzten Asche
kehren
Mütter die Scheinheiligkeit
aus den Herzen des Dorfes.

Unschuld und Hoffnung
umwuchern
den steinernen Drugpa Künleg,
verewigt in lachender Tollheit.

HEINRICH HART

Heinrich Hart
An das 20. Jahrhundert

Wirf die Tore auf, Jahrhundert,
Komm herab begrüßt, bewundert,
Sonnenleuchtend, morgenklar.
Keine Krone trägst du golden,
Doch ein Kranz von duftigholden
Frühlingsrosen schmückt dein Haar.

Ganz verwundet, ganz zerschlagen,
Herz und Mund verdorrt von Klagen,
Ziehn wir müd im Staub einher.
Unser Aug' erlischt in Tränen,
Unsre Seele siecht vor Sehnen,
Unser Haupt glüht fieberschwer.

Ach welch Hoffen, ach welch Sinnen,
Welch ein Jubel, welch ein Minnen
Riß uns flammend einst empor.
Die Natur zu unsern Füßen –
Wollten wir das Licht begrüßen,
Wo es strahlend quillt hervor.

Auf des Dampfes Sturmesflügeln
Träumten wir die Welt zu zügeln,
Allem Erdenstaub entrückt.
Alle Sorge sollte schwinden,
Liebe sich zu Liebe finden,
Alle Kluft war überbrückt.

Traum, wie bald bist du vergangen,
Lauter Schrecknis, lauter Bangen
Hat in Nebel uns gehüllt.
Unser Blut tropft aus den Poren,
Unser Mark ist eiserfroren,
Wie vom Tod sind wir erfüllt.

Ob wir an des Nordmeers Strande
Ziehn, ob tief im Wüstensande, –
Unsren Weg umheult der Streit.
Fried' und Freude schleicht verlassen,
Und die Not stürmt durch die Gassen,
Wild umschwärmt von Haß und Neid.

Wie zwei Bettler, frech verhöhnet, –
Die wir einst so stolz gekrönet –
Irren Freiheit hin und Recht.
»Heil den Ketten, die uns binden,
Die uns ziehn und niederwinden,
Goldne Ketten!« jauchzt der Knecht.

Doch dem Aar gleich, der geblendet
Sterbend sich zur Sonne wendet,
Harren wir in Brünsten dein.
Wirf die Tore auf, Jahrhundert,
Komm herab, begrüßt, bewundert,
Zeuch mit Morgensturmwind ein.

Wo du gehst, da bricht in Flammen
Tausendjähriger Grund zusammen,
Drauf die Knechtschaft wuchernd stand.
Und der Hoffart morsche Götter
Treiben hin wie Spreu im Wetter,
Auf vom Schlafe fährt das Land.

Wo du gehst, da öffnen alle
Tiefen sich mit heißem Schwalle
Und des Abgrunds Nacht wird Tag.
Glühend braust's in tausend Seelen,
Erd' und Himmel zu vermählen,
Dringt der Geist zum Sternenhag.

Wo du gehst, quillt Lust und Segen,
Jedem Herzen rauscht's entgegen
Wie des Lenzwinds tauig Warm.
Und der Winter geht zu Ende,
Liebend reichen sich die Hände
Stark und Krank und Reich und Arm.

Und von Ost gen Westen fahren
Boten aller Völkerscharen –
Unsrer Fehde sei's genug.
Kommt, den Gruß uns zu erwidern,
Laßt uns Brüder sein mit Brüdern,
Fahr' zur Hölle Macht und Lug.

Schlagt die Cymbeln, spielt die Geigen,
Süße Mädchen schlingt den Reigen,
Kränzt mit Grün den Maienbaum.
Auf, ihr Männer, Opfergluten
Laßt von allen Bergen fluten,
Auf, vorbei ist Nacht und Traum.

Wie ein Tempel sei die Erde,
Daß der Mensch zum Gotte werde
Todesmächtig, licht und hehr.
Daß nicht Wasser und nicht Lüfte,
Nicht der Zwietracht düstre Klüfte
Trennen unsre Herzen mehr.

Unser Blut treibt neue Säfte,
Unser Mark trinkt neue Kräfte,
Unsre Adern klopfen weit.
Miteinander so zu bauen,
Einig, einig voll Vertrauen,
Heil dem Tag, der so befreit.

Wirf die Tore auf, Jahrhundert,
Komm herab, begrüßt, bewundert,
Sonnenleuchtend, morgenklar,
Keine Krone trägst du golden,
Doch ein Kranz von duftigholden
Frühlingsrosen schmückt dein Haar.

aus: Hart, Heinrich: Gesammelte Werke Band 1. Gedichte; hrsg. von Julius Hart et al., Berlin 1907, S. 1 – 4; zitiert nach: Gödden, Walter (Hrsg.): Heinrich und Julius Hart Lesebuch, Köln 2005 (Nyland Stiftung – Nylands Kleine Westfälische Bibliothek Band 10), S. 128 – 131 (zusammengestellt von Gertrude Cepl-Kaufmann) // online zugänglich in der Bibliothek Westfalica des Landschaftsverbandes Westfalen-Lippe: www.bibliothek-westfalica.de

Michael Hellwig
Das 20. Jahrhundert verabschiedet sich

Die Glückwünsche zu meiner Geburt
habt ihr euch selbst geschickt
waren Ballast auf meinen Schultern
der den aufrechten Gang unmöglich machte
Und wie würdet ihr leben mit dem Wissen
in welcher Nacht ihr sterbt

Gerald Jatzek
Der Besuch
Ein Gegenstück zu Heinrich Harts »An das 20. Jahrhundert«

Diese Frau öffnet die Tür. Es schneit. Draußen steht das vergangene Jahrhundert. Es hat ein Hutgesicht, aber keine Kopfbedeckung. Es wirkt durchfroren und sieht schlechter aus als in ihrer Erinnerung. Das dürfte an den Pastellfarben liegen, mit denen das Gedächtnis malt.
– »Möchtest du reinkommen?«, fragt sie. Im Jännerfrost lässt man niemanden vor der Tür stehen. Und das Jahrhundert ist ja kein Unbekannter. Immerhin haben sie gemeinsam ein Schüppel Zeit verbracht, wenn auch oft eher nebeneinander statt miteinander.
– »Hm.«
Die Frau wachelt den Besuch zum Sofa. »Was zum Trinken?«
– »Hm, Tee. – Ohne alles.«
Die Frau rauscht durch die Instantversion einer Teezeremonie und serviert Matcha in Doppelwandgläsern. Das Jahrhundert erkennt beim ersten Schluck die Vorteile gegenüber den Hippiemischungen seiner Zeit.
Die Frau schenkt nach und fragt nach Lügen und Orten.
Dem Jahrhundert wachsen Gesichter und blühen Geschichten aus den Händen. Es sieht aus wie Micky Maus mit einem Kopfverband. Dann wieder wie ein gefolterter junger Afrikaner. Ein belgischer König mit Essensresten im Bart zwinkert der Frau zu. Seine Familie hat längst aufgehört, die Morde auf ihren Konten zu zählen. Einmal verliert das Gesicht jeden Charakter und wird zur vernarbten Fläche. Dazu präsentiert es ein Todesurteil ohne Namen, unterzeichnet von einem türkischen Pascha und einem österreichischen Gefreiten.
Irgendwann sieht die Frau sich selbst in Jahren, in denen sie auf Transparenten neue Menschen gefordert hat. Darüber glänzt das Mondgesicht, das ein paar Millionen töten ließ, die ihm nicht neu genug erschienen.
Je mehr sie hört, desto überzeugter ist die Frau, in der falschen Welt gelebt zu haben.
Endlich fragt sie: »Warum bist du gekommen?«
– »Weil du kürzlich geschrieben hast, ich sei etwas Be-

251

sonderes.«

Die Frau erinnert sich an den Artikel. Bilder vom Mond, ein paar feuilletonistische Anmerkungen. Leichte Kost, aber gut bezahlt.

– »Und?«

– »Ich bin nichts Besonderes.«

Das vergangene Jahrhundert stellt das Glas auf den Boden, weil der Tisch mit seinen Geschichten bedeckt ist.

– »Ich muss weiter. Danke für den Tee.«

– »Nichts zu danken. Schau wieder vorbei.«

Die Frau bringt das Jahrhundert zur Tür. Einmal dreht es sich noch um, und es hat das Gesicht eines Mädchens. Die Frau erinnert es an ein Foto aus Phnom Penh. Oder aus Nanjing. Vielleicht sind es mehrere Bilder übereinander. Die Züge verschwimmen hinter den Flocken, und das Jahrhundert geht mit dem Hutgesicht, mit dem es gekommen ist.

Die Frau bleibt draußen, bis sie nur noch die weiße Landschaft sieht. Sie hat nicht gefragt, wie man die Weltkriege verhindern hätte können. Wer Kennedy erschossen hat. Und wie Amelia Earharts letzter Flug verlaufen ist.

Mit solchen Geschichten könnte sie sich einen Namen machen. Andererseits würde ihr ohnehin niemand glauben. Was zählt schon ein Zeuge, der keine Spuren hinterlässt.

Mark Monetha
An das Jahr 2025

Tritt ein, wir haben dich erwartet
nimm Platz am Tisch
der ungedeckt und rau
doch mit Füßen drunter, Händen drauf

Auf Wunden tragen wir
ein Sehnen, abgenutzt
versehrt die Münder
welk das Lid

Vergangen schien Vergangenheit
und Wege aufgebrochen
Frische Wurzeln, Keimlinge
fast erste Blüten gar gesehen

Blumenfelder
Sträuße in die Welt geschickt
und jedes Blütenblatt ein Wort
das sich versamt

In manchem keimte Dunkelheit
genährt von Sorge, Not
dann welkes Blattwerk
bis ins Mark zermahlen

Schiffe in Flammen und Brücken
Stege und Treppen
hinter den Wänden
das Holz der Tische

Wer sich neue Grenzen setzt
belagert von Vergangenheit
und wer sich frei wähnt
ist's gefangen

In letztem Dürsten:
Tritt ein, wir haben dich erwartet
nimm Platz am Tisch
und forme Vasen

aus Sand und Kalk
und letztem Tropfen,
die Flammen
geben wir

die dunklen
die du kannst erhellen
dass sie lodern
Sonne werden

dass erstrahlt
das graue Meer
zu Wegen, neu entdeckt
und neuen Routen

Hinüber sei
was Pfähle setzt
und Grenzen
zwischen dem, was eint

als wünsche jemand
nicht zu atmen
zwischen Baum und Mensch

Blaues Meer
und Flüsse, Bäche
Rinnsal, Kehle
Wort

die Münder
neu geformt
die Lider
weit

an off'nem Horizont
und freiem Tische
sitzen wir
bei Dämmerung

Tritt ein, wir haben dich erwartet
nimm Platz am Tisch
der ungedeckt und rau
doch mit Füßen drunter, Händen drauf
Vasen und Blüten

Papari (*1981)
Kommentar zum/Los im 20. Jahrhundert

Schlagt die Tore zu, ihr Leute,
denn es war nur schlimme Beute
und erzeugte grauen Star.
Grad die Zwanz'ger waren »golden«,
sonst nur Hau'n und Stechen. Dolden
flocht sich Mars ins blut'ge Haar.

Was?!? ›Verwundet‹? Was?!? ›Zerschlagen?‹,
fühltest du in deinem Magen
dich mit viel Brimborium?
Sei du froh, dass du gestorben
bist, bevor es ganz verdorben
bis in sein Ziborium.

Lass das gern zitierte Liedel!
Zieht sich Michel Waffenschmiedel,
nützt viel »Sülz!« und »Schmacht!«
im Gewimmel auch nicht weiter –
schwarz verkohlte Blitzableiter

»Das Atom, es ist gespalten!«,
drang es durch die Presse; halten
konnte nichts. Der erste Krieg
zog durch Länder, gierte alles,
was da lebet – für den Dalles
hoffte mancher großen Sieg.

Der erhoffte »Sieg« goss Nöte
in die Herzen, dass er töte
jeden Hochmut, jeden Stolz;
Blut des Vaters, Blut des Sohnes,
Blut des Bruders – wehend schreit es
unter Äckern, unter Holz.

In Verdun ward endlich Frieden
unterzeichnet und zufrieden
stieg ein Schlussstrich aufs Perron.
Hinter fest verpressten Mündern
schwor man »diesen, die nur plündern«,
Rache und blieb im Waggon.

Eingedenk des Wahns der Deutschen,
ihren Kriegstrieb anzupeitschen,
sollte endlich Ruhe sein.
»Nur Agrarstaat!«, riefen viele;
denn sie kannten schon die »Spiele«
diesseits unsres Vaters Rhein.

»Aber, aber!, sie bequemen
sich doch ‚ganz im Einvernehmen‹
in Versaille zum Friedensschluss!«
Doch ersann ein böser Bube
einen Plan in seiner Stube,
denn er sah mit viel Verdruss

in die »Nationalstolzherzen«.
Mütterleins entzünden Kerzen
in der Kirche für das Heil
ihrer Söhne, Brüder, Gatten.
»Hachz, als w i r den Sieg noch hatten!
Für den Bismarck war er feil!«

»›Heil‹ und ›Sieg‹ lässt sich verbinden ... –
und das Gute kann man schinden ...«
In die Hände spuckt das Volk,
während bei Gefängnisbirne
finster in dem kranken Hirne
Bosheit lustig Wahrheit molk.

Draußen hungern Millionen –
um die Kassen zu verschonen,
fährt der Staat die Inflation.
Endlich, weit im Höhenschwindel,
kommt die Goldmark aus der Windel
und erlöst von Regression.

»Nun kann's nur noch besser werden!«
Über die Geburtsbeschwerden
steppt der Jazz, lacht's Kabarett.
Blues betrachtet müd' die Lage.
Doch – es lauert neue Plage,
wispert leise vom Florett,

träumt vom Schrei der Bataillonen,
Blitzkrieg, s[/S]chlief[f]en mit Kanonen ...
Wer zum Straßenkampfe bläst,
um mit Macht den Gegenstimmen
neuen Unmut einzutrimmen –
ja, der will, dass das verwest,

was »die Andern« alles wollen
und wird endlich Hass entrollen.
Und so kam es. Mord und Heer
und paar Schufte riefen »Grüfte
öffnen!«, dass nach Tod die Lüfte
rochen. Unsägliches Meer

unaussprechlicher Verbrechen.
Es ward schließlich radebrechen
und ein zweiter, schlimmer Krieg
fordert, Deutschland neu zu denken.
»Fort, nur fort die Schritte lenken!«
»Niemand schrei' mehr ›Heil‹ und ›Sieg‹!«

Schlagt die Tore zu, ihr Leute,
denn es war nur schlimme Beute
und erzeugte grauen Star.
Macht Vergangenes nicht golden,
sonst erwachsen wieder Dolden
für des Marses blut'ges Haar.

[NB: Dieses war, wie's kommen musste.
Und es anglizierte, russte
franzte, USAte nun
hierzulande. Doch beschlossen
war die Teilung. Unverdrossen
wusste jede[r], was zu tun

denn nun ›wahr‹ und ›richtig‹ wäre.
So entzweite sich die Fähre,
die mit großer Müh' und Not
einst gegründet und verschmolzen;
Kapital hie, Kosmosolzen
da und kalter Krieg bedroht.

Schließlich glückt dann doch noch einmal
schicksalhaft – als wär' es keinmal –
diesem Volk die Einigkeit.
Mit den Schwestern, Brüdern »drüben«
möchte jede[r] Liebe üben;
weiter rollt das Rad der Zeit.

Nach dem Rausch kommt gern ein Kater.
Dieser wurde feist zum Vater
einer »nationalen Liebe«.
Gegen alles Widerstehen
wollen manche wiedersehen,
was die Eltern nur als Griebe

im Extrakt des Wohlstands ahnten.
Und, so oft sie dazu mahnten,
sich bei Empathie und Herz
stets zu halten, gibt es wieder
offenkundig Lügenlieder,
die, verbrämt mit falschem Scherz,

der einst unterdrückt verstohlen
nunmehr offen unverhohlen
ernsthaft ruft: »Mimimi! Schmerz!
Habt Ihr alle es vernommen?!?
Unsre Freiheit ist verkommen!
Wir sind nun der Erde Sterz!

Aber …«, [und in diesem »aber«
streikt der Satan mit Gelaber],
»wir sind schließlich auch noch wer!« –
Nein. Wir hatten tolle Chancen,
stets macht uns das Glück Avancen,
auf dass wir uns nimmermehr

solchem Unsinn unterwerfen
und uns Blick und Sinne schärfen.
Die Moral von der Geschicht':
Lasst die Freiheit von der Leine,
dann erscheint sie, wie ich meine.
Alles andre zählt doch nicht.]

Heinrich Hart
Weltpfingsten

Endlos düstre Nacht
Schied Himmel und Erde,
Und die Wälder verdorrten,
Die Wasser lagen still,
Leuchtend nur drohte
Des Todes spähende Fackel.
Und müden Fußes
Zogen Menschen
Von Stadt zu Stadt,
Und suchten nach Licht –
Vergebens.
Vergebens hob jüngst
Ein letzter Zecher
Sein Glas,
Es sprang und zerschellte,
Und weinend presste
An seinen Busen sich
Die zitternde Buhle.
Aber Heil, Heil,
Der Himmel ist gnädig –
Von Morgen erhebt sich
Die kühle Windsbraut,
Die Wolken bersten,
Die Regen rauschen,
Und grauer Dämmer umspinnt
Die harrende Erde;
Vor den Thoren sammelt
Das Volk sich betend,
Und tausend Augen
Schauen sehnend und grüßend
Zum Himmel empor.
Der Himmel ist Liebe –
Schon blitzt es und glüht's,
Als ob die Wölkchen,
Mit Sternen besä't,
Die Gewänder anlegten

Zur heiligen Feier.
Und nun kommt alle,
Ihr Armen und Kleinen,
Ihr Stolzen und Reichen,
Kommt alle, alle –
Die Nacht ist dahin,
Und über Thal und Gebirg
Strömt golden der Morgen.
Und sein Frühlingsodem
Bewegt die Wasser,
Die Wälder knospen
Und jauchzen der Liebe,
Doch seliger jauchzen
Der Liebe die Menschen –
In allen Seelen
Entzündet der Morgen
Die ewige Flamme –
Die leuchtet und glänzt
Alle Schatten hinab,
Neid und Lüge.
In tausend Zungen
Reden die Seligen,
Und Herz an Herzen
Ruft's einer dem andern –
Bruder, Geliebter…

aus: Hart, Heinrich: Weltpfingsten. Gedichte eines Idealisten, Bremen-Norden 1879; zitiert nach: Gödden, Walter (Hrsg.): Heinrich und Julius Hart Lesebuch, Köln 2005 (Nyland Stiftung – Nylands Kleine Westfäli-sche Bibliothek Band 10), S. 101 f. (zusammengestellt von Gertrude Cepl-Kaufmann) // online zugänglich in der Bibliothek Westfalica des Landschaftsverbandes Westfalen-Lippe: www.bibliothek-westfalica.de

Susanne Ulrike Maria Albrecht
Träume einen kleinen Traum vom Frieden

Stell dir vor,
nie wieder Bilder von
blutigen Kriegseinsätzen
Träume einen kleinen Traum vom Frieden

Stell dir vor,
kein Blut von Unschuldigen
wird mehr vergossen
Träume einen kleinen Traum vom Frieden

Stell dir vor,
kein Land erklärt einem
anderen Land mehr den Krieg
Träume einen kleinen Traum vom Frieden

Stell dir vor,
die Vernunft hat gesiegt,
kein Mensch zieht mehr in den
Krieg
Träume einen kleinen Traum vom Frieden

Stell dir vor,
alle Waffen schweigen
Träume einen kleinen Traum vom Frieden

Stell dir vor,
nie mehr Krieg
Träume einen kleinen Traum vom Frieden

Stell dir vor,
es herrscht Frieden
auf der ganzen Welt
jetzt und immerdar
Träume einen kleinen Traum vom Frieden

Thorfalk Aschenbrenner
Alle Himmel tief

Mir ist, als frören alle Sinne ein,
als zöge stumm die Nacht empor,
gedankenloses Seelenschweifen
durch Tag und Raum – und Sein.

Mir ist, als hingen alle Himmel tief,
als ginge alles Gute fort, Erinnerungen
werden ausgegraut,
das Leben ein fataler Ort

Mir ist, als lägen wie in alten Kammern fremde
Menschen ohne Namen;
als suchten sie mit kahler Sprache, sich
fassungslos ans Herz zu klammern.

Mir ist, als hörte ich von fern
Gesang, so silberüberstrahlend rein –
die Sinne sind mit einem Mal
ganz weit

Und Herz und Seele gehen

heim.

Rudolf Schimke
Ein bisschen Farbe

Ich fahre durch eine Straße der Vorstadt. Sie hat ihre Farbe verloren. Dort, wo ich entlangfahre, ragen Skelette aus grauem Beton in den Himmel. Ein Zementwerk zwingt die Fahrbahn zur Seite. In weitem Bogen umrunde ich die grauen Halden. Irgendwo bleibe ich stehen und steige aus. Feiner, bleicher Staub trübt die Sicht und legt sich wie ein Leichentuch auf das, was vielleicht noch hätte grün sein können. Die Spuren der wenigen Schritte auf dem schmalen Gehsteig bleiben wie auf frisch gefallenem Schnee zurück. Bald schon werden sie verschwunden sein. Eine Reihe von Wohnsilos taucht auf, in Reih und Glied streng ausgerichtet, uniform und gleichgültig. Müll aus überquellenden Tonnen ist hier das einzige, was ein wenig Farbe bringt. Aber schon bald wird er abtransportiert sein, und irgendein Hausmeister wird den Asphalt von den übergequollenen Resten befreit und wieder makellos grau gekehrt haben. Eines der gleichgültigen Fenster steht offen. Ein Kind ist zu sehen. Es starrt nach draußen. Unter ihm hasten Menschen zu ihren Autos. Andere kommen und steigen aus, ohne sich zu bemerken. Die Gesichter ähneln sich, und die Wohnblocks ähneln sich, denn allesamt sind sie grau und fleischlos. Ich steige wieder ein und fahre weiter. Da meine Seitenscheiben geschlossen sind, dringen keine Geräusche in meinen Wagen. Deshalb höre ich auch nicht, ob irgendwo ein Kind schreit, und ob ein Mann seine Frau schlägt. Natürlich höre ich auch nicht, ob hier irgendjemand herzhaft lacht. Aber das kann ich mir beim besten Willen nicht vorstellen.

Die Ampel vor mir wird rot. Ich lasse den Wagen ausrollen und bleibe stehen. Ein Liebespaar, eng umschlungen, lehnt am Mast der Ampel. Die beiden sind fast noch Kinder. Die gespreizten Finger des Jungen malen zärtliche Kreise auf den Rücken des Mädchens. Zuweilen krallen sie sich vorsichtig in die blauen Maschen ihres Pullovers. Sie legt anmutig den Kopf in den Nacken und öffnet ihre Lippen. Ihr Körper schmiegt sich an den seinen, und sie hebt ihr rechtes Knie. Sie hat feuerrote Schuhe an. Die beiden wogen umeinander und scheinen nach oben zu streben, als gäbe es für sie keine Schwerkraft.

Die Ampel wird grün. Ich fahre erleichtert weiter, denn ich glaube, dass diese Vorstadt noch nicht ganz verloren ist, da sie noch Platz für ein bisschen Farbe hat.

JULIUS HART

Julius Hart
Champagnertropfen

Frühlingsnächtige Stunden,...
Mächtig schwillt die Luft,
Rings quillt aus kühlem Garten
Der Erde süßer Duft.

In aufgebrochenen Schollen
Gestaltet sich's bunt und reich,
Durchs offene Fenster rankt sich
Keimendes Rebengezweig.

Über die Borde drängt sich
Das Wasser jach enteist,
Und aus dem Walde quillt es
Wie Maienglockengeist.

Schwarz über uns flattern die Wolken
Wie Banner in heißer Schlacht,
Und jagen gleich wunden Reitern
Durch die wallende dunkle Nacht.

Die Lüfte brausen und mächtig
Fahren sie hintendrein,
So stürmen siegjubelnde Reiter
In fluchtzerissene Reih'n.

Frühlingsnächtiges Drängen!
Küsse mich, Sturmesmund...
Küsse die lodernde Stirne
Und küsse mich gesund!

Sieh, zitternd stürzt der Champagner
Mir in das blanke Glas...
Dir bring ich mit jubelndem Munde
Das sprühende blitzende Naß.

Nicht in der staubigen Flasche
Vermodern mag solch ein Wein,...
In die Adern des Frühlings verlodern,
In die Stürme will er hinein.

Leuchtend in den Lüften
Zersprüht die gold'ne Flut...
Nun mische dich, Sonnenfeuer,
Mit des Frühlings Rosenblut.

Sei köstlicher Samen dem Boden,
Daß, wo ein Tropfen fließt,
Bald duftend und flammenlockig
Eine Rose leuchtend entsprießt...

Ein üppiger Blütenschleier
Hinflute über das Land,
Wie ein vom Lenz gewobnes
Strahlendes Gewand.

Und wenn sich zwei begegnen
In solchem Blumenhain,
Dann ziehe klingend die Liebe
In ihre Seelen hinein.

aus: Hart, Julius: Homo sum! Ein neues Gedichtbuch, Großenhain/Leipzig 1890, S. 13 f.; zitiert nach: Gödden, Walter (Hrsg.): Heinrich und Julius Hart Lesebuch, Köln 2005 (Nyland Stiftung – Nylands kleine westfälische Bibliothek Band 10), S. 105 f. (zusammengestellt von Gertrude Cepl-Kaufmann) // online zugänglich in der Bibliothek Westfalica des Landschaftsverbandes Westfalen-Lippe: www.bibliothek-westfalica.de

Susanne Ulrike Maria Albrecht
Wir sind ein Traum

Wir haben keinen Namen.
Wir sind ein Traum aus dem ewigen Sternenraum.
Wir haben keinen Namen.
Wir sind der erste Traum in einer heißen
Sommernacht, der in einem Gewitter am weit entfernten
Horizont verloren geht.
Wir sind der erste Traum in einer kalten, langen
Winternacht, der für die Liebe steht.
Wir haben keinen Namen.
Wir sind ein Traum aus dem ewigen Sternenraum.

Rudolf Schimke
Frühling

Grün, helles Grün, zu hell zu glauben
Anschein von Frische
Wie nur das gerade erst Geword'ne
So frisch, so hell und grün hat ausgebreitet sich
Das nicht mehr ganz so neue Jahr

Dazu die Wärme
Vergessen war sie schon
Denn alt geworden war sie mit dem letzten Jahr
Mit hellstem Licht kommt sie daher
Und legt sich heiß auf alle glatten Flächen

Ich glaube fast, sie treibt mich fort
Aus meinem Wonnemonatmaientraum
In eine Wirklichkeit
Die ohne Endzeitstimmung
Ja ohne Katastrophen sein nicht kann

Ulrike Schönfelder-Hellwig

Liegestuhl im Sonnenlicht
Spinnennetze
Morgentau
Farbfelder der Rosen
Dornen auf altem Weh umgehe ich
wie beim Rosenpflücken

Julius Hart

Ein neuer Frühling geht durch alle Lande,
durch unsre Seelen flutet junge Kraft,
du steig empor, des Geistes Priesterschaft,
geschmückt mit neuem Feiertagsgewande!
Wer solches Kleid trägt, den kann's nimmer dürsten
nach Trug und Glanz und lügnerischem Schein,
kostbar dünkt es uns als eines Fürsten
purpurner Mantel, blitzend von Gold und Stein...
Hinschreiten wir, erhabener Zukunft näher,
auf Bergeshöhen, von Morgenluft umhüllt,
der Menschheit vorgesandte Seher, –
und da wir's schauen, ist's auch schon erfüllt.

aus: Hart, Julius: Triumph des Lebens, Florenz, Leipzig 1898, S. 57; zitiert nach: Gödden, Walter (Hrsg.): Heinrich und Julius Hart Lesebuch, Köln 2005 (Nyland Stiftung – Nylands kleine westfälische Bibliothek Band 10), S. 103 (zusammengestellt von Gertrude Cepl-Kaufmann) // online zugänglich in der Bibliothek Westfalica des Landschaftsverbandes Westfalen-Lippe: www.bibliothek-westfalica.de

Susanne Ulrike Maria Albrecht
Die kleine Fee
Feenzauber

Wolkentropfen
Mondstaub
Ein Stückchen Frucht vom Märchenbaum
Schon ist es um euch geschehn und ihr
könnt der kleinen Fee beim Tanzen zusehn
Kleine Fee ist im Ysop zuhaus
Hört! Lasst uns lauschen!
Es erklingt ihre lieblichste Weise
Wollt ihr kleine Fee beim Tanzen zusehn?
Sie fröhlich lachend ihre Pirouette drehen sehn?
Dann kommt nur ganz nah
An den Ysop heran
Denn dort ist kleine Fee zuhaus
Sie tanzt vom Glück berauscht

JENNY ALONI

Jenny Aloni
Nach der Ankunft in Israel

Das ist der Wind nicht mehr, der mich umstrichen,
nicht mehr der Sturm, der mich zu trösten wußte,
das ist nur noch ein Zerrbild, grau verblichen,
der Kern nicht mehr, nur noch die hohle Kruste.

Da sind die Nebel, die aus Höhlen fließen,
gleich stumpfen Mauern wachsen sie empor,
und Wasser müssen sein im Ungewissen,
in Tälern, drin der Regen sich verlor.

Ich weiß es nicht, woher die Steine stammen,
die sich zu kahlen Hügelketten ballen.
Und wenn der Sonne erste Lichterflammen,
den Tag beginnend, auf die Erde fallen,

dann spür ich erst, wie fremd ich ihnen bin,
und westwärts schickt, obgleich er es nicht sollte,
ein Mensch den ruhelosen wunden Sinn.
Und nah ist fern und fern, was nah sein sollte.

Jerusalem 26.12.1939

aus: Aloni, Jenny: Gesammelte Werke in Einzelausgaben. Band 7.
Gedichte, Hrsg. von Friedrich Kienecker und Hartmut Steinecke, Pa-
derborn 1995, S. 9; zitiert nach: Gödden, Walter (Hrsg.): Jenny Aloni
Lesebuch, Köln 2012 (Nyland Stiftung – Nylands Kleine Westfälische
Bibliothek Band 35), S. 52 (zusammengestellt von Hartmut Steinecke) //
online zugänglich in der Bibliothek Westfalica des Landschaftsverban-
des Westfalen-Lippe: www.bibliothek-westfalica.de

Helmut Blepp
Der Winter in Toronto ist ein kalter

Wenn er früh morgens nach der Schicht
mit spülwasserzarten Händen
vergraben in den Jackentaschen
wie in einer Tierhöhle
zum nächsten Diner eilt
sich an einer Tasse Kaffee wärmt
und am Lächeln der Serviererin
die auch noch die neue Sprache übt
dann denkt er an die Holzfäller
mit ihren verkrüppelten Händen
die kaum einen Teller halten
aber Riesen zu Fall bringen können
und ist dankbar dafür
nicht so einer geworden zu sein

Ralf Burnicki
Niemand

Wie nah ist die Ferne,
wie fern ist die Nähe

wenn niemand
mit dir die Geräusche der Kindheit
nachahmen kann,

niemand befreundet ist
mit den Feldwegen
auf denen du gingst,

wenn niemand
den Wind umrahmt
der in dir ruht,

niemand weiß um deine
Bilder, die in Häusern
aus Worten brannten,

die Umarmungen kennt
die als Farben dich bewohnten

Michael Hellwig
Wir sind Touristen

bleiben einen Tag, zwei Wochen, ein halbes Leben
sammeln Ansichtskarten, Stadtpläne, Erinnerungen
in alten Briefumschlägen, Heften, Schachteln
keine Dias wie unsere Eltern, alles digital, sofort abrufbar
verstecken die Reiseführer, damit uns niemand erkennt
die Koffer stehen gepackt

Marlies Kalbhenn
Weshalb wir so traurig waren
Erinnerung an einen Freund in Nahariya, Israel

»Im Frühtau zu Berge
wir ziehn, fallera ...«

dies »deutsche« Wanderlied
stimmtest du an, während wir
hügelauf, hügelab
durch den Norden Israels fuhren,
und dachtest dabei an
die Landschaften,
die auch du einmal »Heimat« nanntest:
den Schwarzwald,
das hessische Hügelland,
die Rheinfelsen ...

»Ich weiß nicht, was soll es bedeuten,
dass ich so traurig bin ...«

Als du dieses Lied
unseres gemeinsamen Lieblingsdichters
Heinrich Heine anstimmtest,
hattest du plötzlich Tränen in den Augen,
denn du – und ich – wussten genau,
weshalb wir so traurig waren ...

Möge die Erde Galiläas
dir leicht sein, mein Freund.

Anne-Kathrin Koppetsch
Nach der Rückkehr aus Israel
Erinnerung an mein Studium in Jerusalem 1986-1987
Hommage an Jenny Aloni »Nach der Ankunft in Israel«

Nicht mehr in meiner Nase kitzelt Pinienduft,
nicht heiß, nur kühl und feucht ist hier die Luft.
Das eine Jahr vergangen, viel zu schnell vorbei;
das Grau Berlins verschwimmt im Einerlei.

Ich weiß es nicht, woher die Steine stammen,
die sich zu hohen Häusern wuchten.
Den Augenhöhlen gleich die Fenster flammen,
die Straßenzüge formen finstre Fluchten.

Viel Dank: mit Zögern habt ihr akzeptiert
mich Deutsche aus der Täter Land!
Hummus, Falafel habt ihr mir serviert.
Der Wüstenwind weht gelben Sand.

Jerusalem, zum Sehnsuchtsort verklärt!
Die stolze, hoch gebaute Stadt,
den Frieden sie im Namen hat.
Schalom: der Friede ist versehrt?

Jenny Aloni
Stadt der Kindheit

Bist du es noch, du Stadt der hundert Türme,
um deren Giebel ich die Träume wirkte,
in deren Gassen noch die Scherben glühen,
die spielend einst ein Mädchen dort verlor?
In deren Bach mit seinen Murmelquellen
Blatt für Blatt aus ihren Sinnen fiel,
und eine Welle schwemmte sie von dannen,
trug sie zum Fluß, zum Strom, vielleicht zum Meer.
Aus winterlichen Feldern steigt es auf.
Der Nebel wallt empor und füllt den Raum.
Versunken ist das Bild der langen Jahre,
Was immer du mir warst, du bist es nicht mehr.

Paderborn, 16.4.55

aus: Aloni, Jenny: Gesammelte Werke in Einzelausgaben. Band 7. Ge-
dichte, Hrsg. von Friedrich Kienecker und Hartmut Steinecke, Pader-
born 1995, S. 42; zitiert nach: Gödden, Walter (Hrsg.): Jenny Aloni Le-
sebuch, 2012 (Nyland Stiftung – Nylands Kleine Westfälische Bibliothek
Band 35) Köln, S. 144 (zusammengestellt von Hartmut Steinecke) // on-
line zugänglich in der Bibliothek Westfalica des Landschaftsverbandes
Westfalen-Lippe: www.bibliothek-westfalica.de

David Baaske
Ein Teil von mir

Was immer du mir warst, du bist es noch.
Geburtsstadt, Kinderwiege, das Land meiner Abenteuer,
in dem, eingefroren und konserviert, wie deine
                                        Geschichte,
Lausbubenerlebnisse im Gedächtnis widerhallen.
Die Oder fließt, oder nicht? Das ist der Lauf der Dinge.
Nur die Brücken hinüber sind nicht zerschlagen,
ein kleiner Junge wirft noch immer den ersten Stein.
Und auch wenn dein liebliches Antlitz schwindet,
verfällt dein romantischer Plattenbaucharme,
der Geist der alten Mauern lebt – solange ich lebe.
Am Ende stellt sich nur die eine Frage:
Was war ich für dich?

Nicole Bösch-Gruber
Baum der Kindheit

Heute stehe ich hier vor dir.
Und umarme.
Dich?
Berühre.
Erinnere mich.
Fühle Kälte, Härte, uralte Wunden
unter meinen Fingerspitzen.
Meine Blicke wandernd.
Behutsam, sacht.
Deine gewaltige Krone vor langen Jahren.
Nun licht.
Einst nahm ich Platz auf deinen tragenden Schultern,
stolz thronend.
Ein Buch mit meinen Armen umschlingend.
Die Augen gierig schweifend.
Stolze Freiheit im Haar.
Und luftige Gedanken tanzten in meiner Seele
wie Federn im Wind.
Heute.
Brüchige Äste. Sterbende Krone.
Der König ist tot.
Das Kind in mir?
Wo?

Bettina Bollmann-Koch
Dorf aus Kindheitstagen

Bist du es noch, mein Dorf aus Kindheitstagen? In dem ich viele Stunden durch Wälder streifte. Kriechend und robbend unter dichten Fichtenzweigen, umflutet vom erdigen Wald- und Nadelduft, in fantasievolle Welten weilte.

In dem ich, übermütig von Buchenreihe zu Buchenreihe, über laubgefüllte Gräben sprang. Bis ich erschöpft in eines der weichen Betten sank. Umhüllt von duftenden, raschelnden Blättern, Krabbeltiere beobachtend, ganz wunderbar zur Ruhe kam.

In dem ich Bucheckern und Brombeeren naschte, Pilze sammelte und zauberhafte Wiesenblumen nach Hause trug.

In dem ich Mäuse aus der Falle klaute, und heimlich in der Hühnerweide vergrub. Sie wieder und wieder hervorholte, bis ich die Verwandlung in feine Gerippe verstand.

In dem ich im Flüsschen einmal fast ertrank. Begeistert viele Sommer badete,
und auf einer heimlichen Expedition durch das Flussbett meine linke Sandale spurlos verschwand.

Wenn ich dich jetzt besuche, kneife ich die Augen ein wenig zu, bis ich dich, mein altes Dorf aus Kindheitstagen, wieder vor mir erscheinen sehe.

Ralf Burnicki
Alltag

Die Straßen geradewegs
eingefädelt in den Tag,
Geräusche und Erinnerungen.

Die Stadt ist dunkel noch,
etwas geschah
mit dem gesprochenen Ort,
mit der letzten Generation
Fragen.

Auf den Gemeinplätzen fordern die
zuerst gekommenen Rechthabereien
das Gewohnheitsrecht,
den Gebrauch von Vorurteilen
zu lehren.

Der Morgen
erhält Akteneinsicht,
prüft die Unterschrift
des Lichts: Keine besonderen
Sachverhalte gemeldet.

Der Alltag gibt sein Ehrenwort.

Ostwestfalen, 2024

Maike Frie
Essenz

Das Haus der Großeltern wirkt hutzelig, wenn man mit eingezogenem Kopf über die Schwelle tritt. Wie die Großmutter scheint es in sich zusammengesunken, als habe das Gebälk der Last der Jahre nachgegeben, dabei bin nur ich selbst es, die gewachsen ist. Entwachsen den Markern der Kusinenschar-Scheitel an der Küchentürzarge, den Mundharmonikarufen und dem Duft der Hefeteilchen.

Das Haus der Großeltern steht in einer Gasse, die nicht mehr siebenunddreißig Hüpfer lang ist, sondern eine unbestimmte Zahl von Schritten. Eilige Schritte über Baustellenplanken. Diese Schritte befördern Kartons zum Auto vor der Gasse. Kartons voller Lavendelkittelschürzen und Buchclubausgaben, zwischen denen die Mundharmonika keinen Laut von sich gibt. Wie Charlie still ist, der Terrier aus dem Loch unter dem Zaun zum Nachbargarten, und Rufus, der Ara aus dem Wintergarten auf der anderen Heckenseite. Und Frau Ratzel mit den Vanillekeksen neben dem Kissenausguck auf der Fensterbank, Frau Hanningsen mit dem Apfelbaum, von dem alle behalten durften, was sie aus dem Beet darunter aufklaubten, Herr Jalkord mit dem appen Bein, der schaurig auf Grashalmen flöten konnte. Alle tot. Oder zumindest nicht mehr da. Keine WhatsApp-Gruppe der alten Nachbarschaft.

Das letzte Haus auf der Stirnseite der Gasse, nicht das der Großeltern, ist schon wärmegedämmt und weiß verputzt. Solarpaneele kommen auf das Haus von Rufus, das bereits ein neues Dach hat. Das Kopfsteinpflaster ist aufgerissen für den Glasfaseranschluss, den die Großeltern bei Scrabble nicht ohne Dudenbeweis akzeptiert hätten.

Ist es noch ihr Haus, wenn es verkauft ist? Ihre Erinnerungsstücke herausgetragen, ihr Geruch, selbst ihre Armaturen? Ihr Leben hat hier stattgefunden, meine Erinnerungen können die Geschichten in Farbe und mit Ton jederzeit abrufen. Aber sie ist vergangen, diese Zeit; ich lebe in einer neuen Stadt, in einer betonierten Straße mit Mehrfamilienhäusern, an denen die Klingelschilder teilweise nicht mal beschriftet sind. Ich kenne die Nachbarshunde nicht und nicht die anderen Tiere hinter den verschlossenen Türen. Ich kenne das Lieblingsgebäck der anderen nicht, nicht ihre Verletzungen. Ich kenne den Türcode, aber nur den zu meinem eigenen Apartment. Der Kofferraumdeckel schließt nicht, also binde ich ihn mit einem Großvatergürtel zu. Die Kartons mit der Kleidung gebe ich in der Kirchengemeinde ab; die Bücher sortiere ich in die Give-Box davor. Geschirr und Besteck hat in der letzten Woche ein Sozialkaufhaus abgeholt. Die Möbel werden bei der Entkernung durch die neue Besitzerin entsorgt. Als ich vom Parkplatz hinter dem Jugendheim abbiege, steht nur noch ein Karton auf dem Beifahrersitz. Es ist der mit der Mundharmonika und einem Fotoalbum. Ich fahre die beiden über die Autobahn in meine Stadt. Vorbei an dem Wasserturm, an den ich mit Edding I+G in einem roten Herzen geschrieben habe. Ich stoppe nicht, um zu sehen, ob die Kritzelei unsere Liebe überdauert hat. Die Allee entlang, deren Eichen eine Schulfreundin und Großmutters Bruder das Leben gekostet haben. Unter dem Kanal hindurch, der bis zum Gymnasium die Grenze meiner erlaubten Freiheit bedeutete. Jetzt kann ich gehen, wohin ich will, und will doch oft nirgendwohin, sondern am liebsten nur angekommen sein. Ich habe noch nie nach Hause gesagt, wenn ich aus meiner Heimatstadt in meinen Arbeitsort gefahren bin. Heute fange ich damit an.

Gudrun Güth
Traumschaum

Du bist es nicht
du Stadt der tausend Träume
ich sehe Scherben Zerstörung
Rauch und Wut
ich war hier Kind
in deinen schönen Straßen
hier spielten wir
im Park am Fluss
wir hatten's gut
Jetzt liegen Menschen
tot im Nebel
aus den Steinen
kommt ein Schrei
Du bist es nicht
für mich
das Kind
ist Träumen
längst vorbei

Michael Hellwig
Entfernungen

Jahre liegt sie zurück
Meine Kindheit
Kilometer fern ihre Stadt
Irgendwo auf dem Weg von A nach B

Willi van Hengel
Dorf des Erinnerns

Ab wann warst du es nicht mehr,
mein Dorf mit den zwei hohen Fabriktürmen,
auf dessen Fussballfeld – bei Schnee und tagelangem
                                                    Regen
sind wir nach ganz hinten ausgewichen, weisst du noch,
nach *Golgatha* mit den Torpfosten aus Holz –
die Anfeuerungsrufe und Jubelschreie noch bis heute
                                              nachhallen,
bis hier zu mir ans schattige Ufer des weissen Sees.
Schickst du mir ein Zeichen,
eine sanfte Welle vielleicht,
mit deinen Abschiedsworten,
die nie in mein Ohr drangen, damals.
Was du mir warst, blüht nie mehr auf – leider … leider …
                                                    leider.

Hans-Ulrich Heuser
Stadt meiner Kindheit
(oder: Heimat, dort wo ich bin)

Du warst sie, obwohl ich von dir kaum mehr wusste
als meine Eltern von dir zeigten und erzählten
damals in den frühen Jahren, als ihre Zukunft
mit jedem glühend, leuchtend Himmel schmolz
und sie fortschreitend der Arbeit folgten
bis es die für Vater nicht mehr gab.
Für Mutter gab es kein bescheidenes Stück vom Glück
und alles andere wollte nicht geschehen
zu kurz war die Zeit, die wir gemeinsam hatten
zu lang die Zeit, die ich dich vermisste
in der wir längst verloren waren.

Anne-Kathrin Koppetsch
Stadt der Kindheit *meine Erinnerung*

Bist du es noch, du Stadt im Schoß der tausend Berge,
aus deren Felsen Mythen springen,
in deren Dunkelschluchten Kiesel blitzen,
die ich einst übers Wasser hüpfen ließ?
Stadt ohne Kaufhaus, sogar ohne Schuhgeschäft,
Kirchturm blitzend über Dächern. Noch.
Wir schmeckten den Fluss, der Autos verschlingt,
Menschenleben entfernt vom Meer,
leckten an Kastanien und hauchten Raureif in die Luft.
Wo seid ihr geblieben, Friends forever,
geküsst mit süßer Spätlese an der Talsperre?
Leer ist's geworden hier.

Kathrin B. Külow

du bist nicht mehr
die schatten waren länger
da ich als kind durch deine straßen strich
glockenton ist noch und
die kastanien rauschen auf dem wall
hinter der hölzernen brücke die weite
die wiek warten unterm rostrot
auf das bauschen des tuchs
werfen von luv das garn
sein knotenmaul stöbert herauf
aal barsch und plötze
die zeese treibt dann stoppen wir
holen hand über hand die leinen ein
wind und salzige welle auf der lippe
kreuzen über der tiefe
vor mir die silhouette bekannt
seit kindertagen ich weiß
dort ist nichts wie es war

Eline Menke
Begreifen

Versunken ist das Bild der langen Jahre

Wenn der Wind mit seiner Mutterstimme spricht,
halten die Stadtmauern still.

Kleine Saaten von Silben leuchten auf dem Pflaster,
gefunden vom Licht, das wie ein Vogel über sie fortfliegt.

Das Gras möchte nicht gehindert werden am
Wachsen, tut so, als ob es hierher gehört,

wie ich selbst. Im Schreiten öffnen sich
Winkel und Weiten, mein Körper

greift nach der Stadt. Jeder Stein könnte
Sprache sein. Manchmal gehe ich in die Knie,

hebe Worte von der Straße auf. Sie sind
nichts wert ohne Zungen, die sie klingen lassen.

Mark Monetha
Vergangene Stadt

Als wärst du es noch, der Himmel rot,
in der Nacht überm Schlackenbeet,
der Fuß noch weich, die Augen wach,
und Kindheitsträume im Gemüt,
das durch den Wald sich Dschungel schlug
und Bachstaudamm erbaute,
der geöffnet floss mit ihm zum Meer.
Die Lichtung größer heut und winterlich.
Die Wolken tief auf kahlem Bach.
Und dort verflossen: Kindheitsjahre
Was du mir warst, bist du nicht mehr.

Dortmund, 01.10.2024

Kordula Schimke
Verlorene Kindheit

Montag:
In den Dörfern sieht man Kinder spielen
was Kinder halt so spielen
fangen, jagen und verstecken
dann sind die Panzer zu sehen.

Dienstag:
5 Kinder spielen in Ruinen
was Kinder halt so spielen
fangen, jagen und verstecken
da hat der Scharfschütze sie gesehen.

Mittwoch:
4 Kinder spielen in Ruinen
was Kinder halt so spielen
fangen, jagen und verstecken
sie haben den Blindgänger nicht gesehen.

Donnerstag:
3 Kinder spielen in Ruinen
was Kinder halt so spielen
fangen, jagen und verstecken
die Landmine konnte man nicht sehen.

Freitag:
2 Kinder spielen in Ruinen
...

Samstag:
1 Kind wartet in Ruinen
will mit seinen Freunden spielen
...

Sonntag:
Kirchen stehen in Ruinen
Mütter auf ihre Kinder warten, beten
Und Lukas spricht:
»Ihr sollt eure Feinde lieben.«

Ulrike Schönfelder-Hellwig
Am Bach

Weite Felder um den großen Garten
Blumen, Beeren, Obst habe ich gepflückt
Die Bienen gaben uns Honig
Großmutter als Märchenerzählerin
Vor Streit mit den Geschwistern
floh ich zu den Bäumen und Blumen am Bach
Erinnerungsskizzen in meiner Schublade

J. Monika Walther
Keine Heimat mehr

Leicht ist es nicht, einen Platz zu finden, an dem sich zu leben lohnt. Wo es ein Zuhause gibt. Wo die Ausflüge in die Welt, egal ob drinnen oder draußen, mit einer runden Sekunde der Beruhigung enden. Wo der Himmel nicht ins Herz stürzt. Wo Sperlinge im Hof schwärmen, Zitronenfalter flattern und die Katzen durch die Büsche streifen; wo der Teufel nicht auf die Straßen spuckt und die Luft aufsaugt. Leicht ist es nicht, wenn alle Orte der Kindheit immer wieder verloren gehen. Wenn schon der Geburtsort nicht mehr dem aufgebauten Zuhause gleicht, weil ein Land sich aller Freiheit beraubte, mordete und die halbe Welt überfiel, weil es keine Heimat mehr gab. Nur Fluchten. Weil die Familie nicht mehr lebt oder in alle Welt verstreut ist.

Ich begann nach der Geburt herum zu irren. Beginnend mit dem Gleisdreieck Leipzig Berlin Hamburg, dann Leipzig Friedrichshafen Hamburg. Mit Soldaten kannte ich mich aus. Mit Zugfahren und Lokomotiven wusste ich früh Bescheid. Ging neben den Wagenmeistern, die mit ihren langstieligen Hämmern die Räder abklopften, schaute beim Rangieren zu, kletterte in die Wagons.

Später kamen noch viele Stationen dazu. In immer größeren Radien. Quer durch Europa. Die Niederlande wurden früh ein zweites Zuhause. Was mich auf allen Reisen begleitete, war der Blick des Kindes von der Eckenerstraße in Friedrichshafen quer über den See zum Säntis. Der Berg war das Zeichen für die Welt. Der Blick ging zur Schneespitze, über die Schiffe hinweg, und zurück. Der Blick wanderte von außen nach innen. War Fluchtblick, Sehnsucht und meine Sicherheit. Niemand wusste, was ich innen und außen anstellte, aber ich wusste, ich würde den See überqueren und auf den Säntis steigen. Und von dort die ganze Welt sehen. Nicht nur die Kartenausrisse der Erwachsenen. Ich wusste auch, dass ich eines Tages ein Zuhause finden werde. Aber wo?

Ich hatte bereits mehrere Leben hinter mir und war eine Woche lang feiernd fünfzig geworden, als die Zeit begann, dass immer mehr Verwandte starben. Viele gab es sowieso nicht. Und die Wenigen waren nicht nur in Ost und West aufgeteilt gewesen, sondern lebten in Kanada, den Vereinigten Staaten, Niederlanden und England. Ich begann zu begreifen, dass ich nichts über meine Familie wusste. Nein, so stimmt es nicht. Ich wusste alles Mögliche und viel Unmögliches. Ich war gefüttert worden mit Geschichten, die Wahres enthielten, um die Wahrheit zu verbergen. Und mit Geschichten, die erfunden waren, weil dem fragenden Kind etwas erzählt werden musste. Viel geschwiegen wurde auch. Halbwahre Geschichten und wahre Lügen ergaben eine geschwärzte Akte der Familiengeschichte.

Durch den Tod meiner Verwandten bekam ich Nachlässe, Briefe, Fotografien – und Aufgaben: Kümmere dich um das Haus in Leipzig. Volkmarsdorf Idastraße. Löse den Nachlass deiner Tante auf. So öffnete ich die erste Tür und landete in einem Irrgarten mit weiteren Türen, hinter denen sich immer wieder Wege durch unbekannte Landschaften und neue Hindernisse verbargen. Als ich die Klinke der ersten Tür in der Hand hielt, ahnte ich nicht, was ich alles erfahren würde. Ohne dass ich sagen konnte, das will ich nicht wissen. Als ich Dokumente und Notizen las, Fotografien und Briefe anschaute, und die Leben anderer und meins neu zu sortieren begann. Es fühlte sich an, wie noch einmal auf die Welt zu kommen, diesmal mit der Chance, mein Leben zu finden.

Ich konnte mich neu zusammensetzen. Ich barg in mir Erinnerungen, die aus dem Schmerz, den Lügen und Legenden anderer bestanden. Wie in einem Kofferraum versteckt aufgewachsen. Nie unter den Menschen dazugehören. Keine Heimat. Wie eine Schlafwandlerin zwischen den Orten. Solche Sätze dachte ich, während ich an einem langen Holztisch saß und Karton für Karton öffnete. Las und schaute. Ich war nicht in Sicherheit. Ich hing an den Denkfäden der Familie über Abgründen, aber diesmal wollte ich nicht abstürzen.

Als ich in Leipzig auf die Welt kam, war alles vorbei. Der Krieg und die Familiengeschichte. Was begann, war die Suche nach sauberem Wasser, Fett, Holz, nach Mehl. Nach Überlebenden und Erinnerungen, nach Besitzstücken auf Dachböden und im Garten vergrabenem Silber, Dokumenten. Nach neuen Lebensläufen. Nach der Wahrheit zwischen den vielen Lügen. Nach einer Legende für das Weiterleben. Nach dem Frühlingsgelb in den Trümmern und der Herbstbläue im Blick. Anschauen mochten die Menschen mit ihren grauen Gesichtern einander selten. Selbst einem Kind sahen sie nicht in die Augen. Irgendetwas gab es immer zu verbergen. Von früher und zwischen den Trümmern. Auf dem Dachboden. Kleine gezischte Sätze. Schweig über das Lager. Die Uniformjacke wird verbrannt. Stopf sie in den Herd. Die Ehrennadeln. Das Bild muss weg! Um Himmels willen halt den Mund! Mein Kampf! Der Mythos ist vorbei! Das Silber bleibt unter der Erde! Und die Chanukkaleuchter erst recht. Idastraße 1945. Die einen und die anderen. Überleben war angesagt.

Auch die Erinnerungen an das Leben und Glück vor 1933 blieben tief in den Seelen vergraben. Was nach 1933 geschehen war, darüber schwiegen alle Erwachsenen eisern. Wir Kinder erfuhren nur, was wir entdeckten. Was ist das für ein gelber Stern? Auf Fragen gab es keine Antworten. Gelegentlich eine Ohrfeige oder eine Kopfnuss. Sei still. Sitz gerade. Geh gerade. Und manchmal weinten die erwachsenen Menschen. Sie saßen in den Küchen, zwischen Spülstein und Herd und weinten. Schauten wir Kinder um die Ecke, reckten sie ihre Köpfe. Aus den Mündern kamen neue Anordnungen. Holt Kohlen. Also stiegen wir mit den Eimern in den dunklen Keller. Fürchteten uns, waren aber tapfer.

Als ich geboren wurde, war das große Haus aus der Gründerzeit immer noch im Besitz meiner Familie, verteilt auf die Wohlrathsche Erbengemeinschaft. Die Nationalsozialisten hatten vergessen, das Haus zu enteignen. Die Idastraße 41. An den Bahngleisen. Ecke Mariannenstraße. Eine Ecke des Daches und des obersten Stockwerkes fehlte, mehr war dem Haus nicht passiert. Um die weiße achteckige Laube rankten sich weiße Rosen, das Sterlingsilber lag vergraben im Garten. In den Beeten wuchsen Unkraut, geschossener Salat und Gemüse. Die

Kohlenhandlung und die Gleise daneben hatten einen Treffer abbekommen; die Garagen für Auto und Kutsche waren unbeschädigt. Der Kolonialwarenladen meiner Großmutter stand leer. Die Regale zerschlagen. Die Großeltern waren 1940 noch rechtzeitig ihren eigenen Tod gestorben.

Die meisten der Verwandten aus der großen jüdisch-protestantischen Familie lebten 1945 in der Welt verstreut, in Kanada und den Vereinigten Staaten, in den Niederlanden, Liverpool und Frankreich. In Burma, Österreich und Schweden. Menschen, die als loyale deutsche Staatsbürger gearbeitet, ihre Feste gefeiert und Steuern bezahlt hatten, wurden durch den Nationalsozialismus aus ihrer Geborgenheit, ihren Familien, Wohnungen gerissen. Die Obrigkeit hatte beschieden, dass diese Menschen keine Menschen mehr waren und nicht länger Untertanen im deutschen Staat sein durften; so landeten sie im Tod oder an ihnen fremden Orten und mussten fremde Sprachen lernen, waren ihres Besitzes und Ansehens, ihrer Namen beraubt. Untermenschen.

Die Hälfte der Emigrierten machte sich nach Kriegsende im Mai 1945 auf den Weg nach Hause, das war für sie nicht mehr Deutschland, sondern Leipzig, Berlin und Hamburg. Die meisten wollten nicht in der DDR leben, nachdem sie begriffen, dass schon wieder kein Platz für Bürgertum, Recht und Gesetz war, also gingen die Reise und das Flüchten weiter. Hamburg, Friedrichshafen, die Schweiz, Baden-Baden, zurück nach Haarlem, zurück nach Stockholm, zurück nach England. Wenige nur glaubten für eine kurze Zeit an die antifaschistische Politik, an die sozialistische Redlichkeit in der DDR. Als sie sahen, dass die roten Banner mit ihren Lügen Zivilisation und Verstand ersetzen sollten, und als sie erlebten, dass Stalinisten und Nazis zu Amt und Würden kamen, während ihr Wissen und Können wieder nicht gefragt wurde, war es zu spät für die Flucht. Sie starben in diesem Staatsgefängnis.

Als ich auf die Welt kam, war alles vorbei und begann alles, wovon ich erzählen kann. Die Zukunft war auf den

Tag beschränkt. Die Heimat war verloren, und ich war glücklich, dass ich im Drosteland, in Westfalen ein Zuhause gefunden hatte.

Michael Hellwig
Zeitgrenzen aufgebrochen?

»Zeitgrenzen aufbrechen – Literatur im Dialog mit Literatur« war schon der Arbeitstitel für das Projekt, in dem dieses Buch entstanden ist. Er lehnt sich an an »aufbrüche«, den Titel des westfalenweiten Literaturfestivals des Netzwerkprojekts literaturland westfalen im Jahr 2025. Und zugegebenermaßen wäre er außerhalb des Festivals trotz identischen Konzepts sicher anders ausgefallen.

Aber er trifft letztlich schon den Kern der Idee, und das in diesem Buch dokumentierte Ergebnis zeigt, dass das »Aufbrechen« gelungen ist.

Das Rumpelstilzchen-Literaturprojekt hat im Laufe seiner »Geschichte« eine Reihe von Kooperationsprojekten realisiert, überwiegend mit Bildenden Künstler/inne/n. Entstanden sind Bild-Text-Dialoge, gelegentlich auch in der umgekehrten Richtung als Text-Bild-Dialoge. Das war auch für das 2025-er Festival eine Option – und wurde unter dem Titel »zeitenwende« gemeinsam mit dem Verein für aktuelle Kunst im Kreis Minden-Lübbecke e.V. realisiert. Neu war für uns, in einem größer angelegten Projekt Literatur mit Literatur in einen Dialog zu bringen. Und da ein wichtiger Gedanke für das Festival war, dass nach Möglichkeit Netzwerk-Partner/innen miteinander kooperieren sollten, lag es nahe, in Westfalen beheimatete literarische Gesellschaften anzusprechen, die westfälische Schriftsteller/innen vertreten. Die Recherche zeigte, dass es davon gar nicht so viele gibt und dass sich einige, die im World Wide Web präsent waren, in der analogen Welt bereits aufgelöst hatten. Das galt auch für die Gesellschaft zur Förderung des Jenny-Aloni-Archivs an der Universität Paderborn, die allerdings im Universitätsarchiv Paderborn (Nachlass Jenny Aloni) selbst eine kooperationsbereite Nachfolgerin hat. Die Mehrheit der verbleibenden literarischen Gesellschaften konnte dann für eine Zusammenarbeit gewonnen werden – und als weitere Partnerin die beim Landschaftsverband Westfalen-Lippe angesiedelte Literaturkommission für Westfalen. Dank an sie, das Universitätsarchiv Paderborn, Annette von Droste-Gesellschaft, Grabbe-Gesellschaft,

Peter-Hille-Gesellschaft, Jung-Stilling-Gesellschaft und Friedrich-Wilhelm-Weber-Gesellschaft.

Jede dieser Einrichtungen hat – je Schriftsteller/in – zwei Texte für das Projekt zur Verfügung gestellt, die sich am Festivaltitel »aufbrüche« orientierten. Dass es sich dabei um sehr unterschiedliche Formen von Aufbrüchen handelt – mal mit klarem Ziel, mal ohne ein solches – macht einen besonderen Reiz aus. Und es bestätigt auch, dass es richtig war, dass die Texte nicht von mir als Projektinitiator ausgesucht wurden, denn eine einzige Perspektive hätte vermutlich zu einer einheitlicheren Ausrichtung der Texte geführt. Und es war in der Vorbereitung spannend, welche Schriftsteller/innen die Literaturkommission für Westfalen benennen würde, die einen viel besseren Blick auf die westfälische Literatur hat als ich. Die einzigen Vorgaben waren, dass es sich nicht um lebende oder im weiteren Sinne zeitgenössische Autor/inn/en handeln sollte, weil es dann keine wirkliche Zeitgrenzen gegeben hätte, die aufgebrochen werden könnten, und dass es maximal fünf Namen sein sollten, um das Gesamtpaket des Projektes nicht zu groß und unübersichtlich werden zu lassen. So standen schließlich 28 Texte (überwiegend Gedichte) von 14 Schriftsteller/inne/n zur Verfügung und wurden zusammen mit der Einladung verbreitet, mit eigenen Gedichten oder Kurzprosatexten darauf zu reagieren.

Der weiteste Weg, um an die »Zeitgrenze« zu gelangen, ist der zu Johann Heinrich Jung-Stilling (gestorben am 22. März 1817), weshalb dieses Buch mit ihm beginnt. Der kürzeste ist der zu Jenny Aloni (gestorben am 30. September 1993), die im Grunde fast schon auf der falschen Seite dieser Grenze steht.

Wahrscheinlich sollte es mehr solcher literarischen Gesellschaften geben, um interessante Schriftsteller/innen, die heute bestenfalls »Eingeweihten« bekannt sind, mehr ins Bewusstsein von uns Heutigen zu heben. Die Literaturkommission für Westfalen könnte bei dieser Aufgabe sicher Unterstützung gebrauchen.

Vielleicht kann ja auch dieses Buch einen kleinen Beitrag dazu leisten, auch indem es das Problem zeigt und nicht nur darauf neugierig macht, was die hier vertretenen Schriftsteller/innen sonst noch geschrieben haben, sondern ebenso darauf, welche interessanten Namen und Werke es darüber hinaus gibt. Wichtige Hilfestellung, um diese Neugier zu befriedigen, dürften das »Lexikon Westfälischer Autorinnen und Autoren« (www.lexikon-westfaelischer-autorinnen-und-autoren.de/) und »Nylands Kleine Westfälische Bibliothek« leisten können.

Eine Idee wie die für »Zeitgrenzen aufbrechen« kann aber nur dann funktionieren, wenn sich Partner/innen finden, die sie unterstützen, und Autorinnen und Autoren, die Lust haben, sich zu beteiligen. Das waren dann 52 aus Deutschland, aber auch aus Italien und Österreich.

Es war für mich spannend, zu sehen, auf welche »Vorlagen« wie intensiv reagiert wurde, und im Vergleich zu beobachten, wie unterschiedlich die Zugriffe sein konnten.

Auch für die modernen Autor/inn/en stellte sich die Frage, in welcher Reihenfolge ihre Beiträge in dieses Buch aufgenommen werden sollten. Der erste – und vielleicht plausibelste – Gedanke, sich auch hier am Alter, d.h. am Geburtsjahr, zu orientieren, ließ sich nicht umsetzten, weil nicht alle Beteiligten ihr jeweiliges Geburtsjahr genannt haben bzw. genannt haben wollten. Also blieb das Alphabet.

Dank auch den modernen Autor/inn/en, dass sie der Einladung gefolgt sind, sich mit Texten ihrer »Vorgänger/innen« auseinanderzusetzen. Dass dies tatsächlich zum erhofften Entdecken bisher wenig oder gar nicht bekannter Schriftsteller/innen geführt hat, soll durch das Zitat aus der Begleit-E-Mail zu einer Einreichung beispielhaft veranschaulicht werden: »Ich bedanke mich herzlichst dafür, im Zuge dieses wunderbaren Projekts mit der Poetin [Maria Lenzen] vertraut geworden zu sein; eine einmalige Erfahrung für mich, die sie bis dahin nicht kannte.«

Biographisches

»historische« Kurzbiographien

Ausführlichere Informationen über die hier mit Kurzbiographien vorgestellten Schriftsteller/innen finden sich unter anderem im »Lexikon westfälischer Autorinnen und Autoren«: www.lexikon-westfaelischer-autorinnen-und-autoren.de.

Jenny Aloni, geboren am 7. September 1917 in Paderborn, gestorben am 30. September 1993 in Ganei Yehuda (Israel). Ende 1939 Emigration nach Palästina. Erste Erfolge als Schriftstellerin in den 1960er-Jahren. Sie gilt in Deutschland als bedeutsame Stimme Israels. Später gerät sie weitgehend in Vergessenheit. »Wiederentdeckung« in den 1980er-Jahren.

Theodor Althaus, geboren am 26. Oktober 1822 in Detmold, gestorben am 2. April 1852 in Gotha. Althaus war Theologe vor allem aber als Journalist tätig. Er vertrat radikal liberale Positionen, was ihm auch eine Gefängnisstrafe einbrachte.

Mathilde Franziska Anneke, geboren am 3. April 1817 in Oberlevrighausen (heute Stadtteil von Sprockhövel), gestorben am 25. November 1884 in Milwaukee/USA. Anneke war nicht nur als Schriftstellerin, sondern auch als Zeitungsgründerin und Herausgeberin tätig. Sie war stark politisch engagiert, weshalb sie zunächst 1849 in die Schweiz fliehen musste und später in die USA auswanderte, wo sie sich jahrzehntelang in der Frauenbewegung engagierte. Anneke publizierte teilweise auch unter dem Namen Mathilde von Tabouillot geb. Giesler. (Alfred von Tabouillot war ihr erster Ehemann.)

Annette von Droste-Hülshoff, geboren am 12. Januar 1797 auf Bürg Hülshoff bei Münster, gestorben am 24. Mai 1848 in Meersburg. Droste-Hülshoff begann schon als Kind, Gedichte zu schreiben. Außer als Schriftstellerin war sie auch als Übersetzerin und Komponistin tätig.

Ferdinand Freiligrath, geboren am 17. Juni 1810 in Detmold, gestorben am 18. März 1876 in Stuttgart. Freiligrath veröffentlichte erste Gedichte schon als Jugendlicher, arbeitete zunächst aber als Kaufmann. 1848/49 war er Redakteur der von Karl Marx herausgegebenen »Neuen Rheinischen Zeitung«. Sein politisches Engagement für demokratische Reformen zwang ihn mehrfach dazu, Deutschland zu verlassen.

Christian Dietrich Grabbe, geboren am 11. Dezember 1801 in Detmold, gestorben am 12. September 1836 in Detmold. Grabbes dramatisches Werk, zu seinen Lebzeiten kaum aufgeführt, hatte merklichen Einfluss auf die Theaterentwicklung des 20. Jahrhunderts, z.B. auf Bertolt Brecht.

Heinrich Hart, geboren am 30. Dezember 1855 in Wesel, gestorben am 11. Juni 1906 in Tecklenburg; aufgewachsen in Münster. Hart war auch als Journalist tätig. Gemeinsam mit seinem Bruder Julius, mit dem zusammen er diverse literarische Projekte realisierte, und Peter Hille war er einer der frühesten Vertreter des Naturalismus.

Julius Hart, geboren am 9. April 1859 in Münster, gestorben am 7. Juli 1930 in Berlin. Hart war auch als Journalist tätig. Gemeinsam mit seinem Bruder Heinrich, mit dem zusammen er diverse literarische Projekte realisierte, und Peter Hille war er einer der frühesten Vertreter des Naturalismus.

Peter Hille, geboren am 11. September 1854 in Erwitzen bei Nieheim, gestorben am 7. Mai 1904 in Berlin. Hille versuchte sich auch als Verleger und Herausgeber. Er war zeitlebens ein »Wanderer«.

Elise von Hohenhausen, geboren am 4. November 1789 in Waldau bei Kassel, gestorben am 2. Dezember 1857 in Frankfurt/Oder. Lebte viele Jahre in Münster und Minden. Von Hohenhausen war auch als Übersetzerin tätig. Sie führte literarische Salons in Berlin und Minden und gilt als Entdeckerin Heinrich Heines.

Johann Heinrich Jung-Stilling, geboren am 12. September 1740 in Grund bei Hilchenbach im Siegerland, gestorben am 22. März 1817 in Karlsruhe. Jung-Stilling war Augenarzt, Staatsrechtler, Wirtschaftswissenschaftler und mystisch-spiritualistischer Schriftsteller. Nach Erscheinen des ersten Bandes seiner als Erzählung angelegten fünfbändigen Autobiographie im Jahr 1777 nannte sich Johann Heinrich Jung Jung-Stilling.

Maria Lenzen, geboren am 18. Dezember 1814 in Dorsten, gestorben am 11. Februar 1882 in Anholt (heute Stadtteil von Isselburg, Kreis Borken). Sie schrieb stark durch ihren katholischen Glauben geprägte »Heimatdichtung«.

Friedrich-Wilhelm Weber, geboren am 25. Dezember 1813 in Alhausen (heute Stadtteil von Bad Driburg), gestorben am 5. April 1894 in Nieheim. Weber war Arzt, Politiker (u.a. dreißig Jahre Mitglied des preußischen Landtags), Schriftsteller und Übersetzer.

Georg Weerth, geboren am 17. Februar 1822 in Detmold, gestorben am 30. Juli 1856 in Havanna/Kuba. Der Kaufmann Weerth wirkte auch als Lyriker, Satiriker und Journalist. Politisch stand er in der Revolution bis 1851 Karl Marx nahe.

»Gegenwarts«-Kurzbiographien

Stephie Abels, geboren 1976, lebt und arbeitet im Herzen des Ruhrgebiets. Als promovierte Juristin mit altsprachlicher Schulbildung setzt sie sich schon ihr Leben lang mit den verschiedenen Facetten der Sprache auseinander. Sie schreibt beruflich, und sie schreibt privat. In ihren Texten beschäftigt sie sich insbesondere mit der Übersetzung von Emotionen in Worte. Im Mittelpunkt immer: der Mensch.

Susanne Ulrike Maria Albrecht hat bereits zahlreiche Werke veröffentlicht und wurde mehrfach ausgezeichnet.

Beim vierten internationalen Wettbewerb »Märchen heute« belegte sie den ersten Platz.

Christiane Antons, geboren 1979 in Bielefeld, wuchs in Spenge auf und studierte allgemeine und vergleichende Literaturwissenschaft, Anglistik und Geschichte an der Universität Bielefeld. Sie absolvierte in Herford ein Hörfunkvolontariat beim Lokalradio und arbeitete mehrere Jahre als freie Mitarbeiterin für verschiedene Sender. Über ein Jahrzehnt arbeitete sie für das Westfälische Literaturbüro in Unna, danach war sie als stellvertretende Leiterin der Stadtbücherei Spenge tätig. Mit den Krimibänden »Yasemins Kiosk« und dem Roman »Nanas Reise – und zwischen uns all die Farben« hat sie bislang drei Bücher veröffentlicht und einige Kurztexte. Neben ihren Lesungen führt sie als freie Moderatorin durch Veranstaltungen. Nach Stationen im Ruhrgebiet und Rheinland lebt sie heute wieder in ihrer Heimat in Ostwestfalen.

Thorfalk Aschenbrenner, geboren 1972, kam erst spät zur Lyrik. Der Besuch bei einem Hypnotiseur öffnete diese kreative Tür. Seither sprudelt die literarische Quelle. Er ist beruflich in der kaufmännischen Logistik zu Hause, verheiratet und Vater von zwei erwachsenen Kindern. Er lebt in seiner Geburtsstadt Erlangen. Lyrik ist für Thorfalk Aschenbrenner, sich die Welt zu erschreiben. Sie – meist mehrdeutig – in Lebensbruchstücken festzuhalten. Häufig werden diese metaphorisch-elegisch umsponnen, meist gefolgt von einem wegweisenden Zenit. Der Autor nimmt die Leser mit, ebensolche Augenblicke dichter am Leben zu fühlen, sie persönlich zu reflektieren und zu verarbeiten. Die Lyrik ist die geheime Sprache des Lebens. Mit all seinen (Un)-Gereimtheiten und der ständigen Ambivalenz zwischen dem Schein und Sein der Realität. 2023 fanden die ersten gedruckten Veröffentlichungen als Teile von Anthologien ihren Weg in die literarische Welt.

David Baaske, geboren 1983. Ich liebe seit langem das Schreiben und wende Zeit dafür oder gar fürs Lesen auf. So kann ich mich einiger Veröffentlichungen in Anthologien und auf Internet-Seiten rühmen. Schreiben ist für mich nicht nur Zeitvertreib, sondern auch Gedanken ordnen, weltliches Verstehen und in Schriftform zu transkribieren.

Melanie Babenhauserheide schreibt seit der Kindheit literarische Texte, seit 1988 als Mitglied des Rumpelstilzchen-Literaturprojektes. Sie veröffentlicht Lyrik und Prosa in Literaturzeitschriften und Anthologien und bietet Schreibwerkstätten an. Ihren Lebensunterhalt bestreitet sie als wissenschaftliche Mitarbeiterin an der Fakultät für Erziehungswissenschaft der Universität Bielefeld. In diesem Kontext arbeitet sie u.a. zum literarischen Schreiben von Jugendlichen, veröffentlichte die Essays »Facetten des Nicht-Identischen im literarischen Schreiben während der Adoleszenz und darüber hinaus: Reflexionen über Bildung, Geschlecht, Begehren und Selbstzerstörung« im Band »Identität gestalten – Identität leben: Leerstelle Diversität« (Lektora 2021) und »Anregungen zur pädagogischen Unterstützung literarischen Schreibens in Betrachtungen jugendlicher Autorinnen« in der Fachzeitschrift »Betrifft Mädchen« (1/22). Zusammen mit Anna Bella Eschengerd hat sie 2020 den Band »Ver(w)ortungen. Bildungsprozesse im Rumpelstilzchen-Literaturprojekt« (Aisthesis) herausgegeben.

Julia Baldauf schrieb bereits in ihrer Kindheit und Jugend in diversen Genres und Formaten. Seit einiger Zeit kristallisierte sich die Kurzgeschichte als ihr liebstes Literaturformat heraus. Beim Schreiben wird sie lautstark von einem Schwarm Haustieren unterstützt.

Siegfried Baron, geboren 1941 in Liegnitz/Schlesien, lebt in Hiddenhausen; Photograph, Maler, Graphiker, Lyriker, arbeitet seit vielen Jahren mit dem Rumpelstilzchen-Literaturprojekt zusammen.

Helmut Blepp, geboren 1959 in Mannheim, selbstständiger Trainer & Berater (Arbeitsrecht); lebt in Lampertheim: vier Lyrikbände, zahlreiche Veröffentlichungen in Anthologien und Magazinen.

blumenleere: poetisch kreativer schaffensspielraum der persona blumenleere; gibt zudem die zeitschrift zur philosophie des schenkens heraus.

Petra Bobbenkamp, geboren 1966 in Enger, Studium der Slavistik, Romanistik und von Deutsch als Fremdsprache in Göttingen, Kiew und Bielefeld, Lehrerin und Fortbildnerin in der Erwachsenenbildung, zahlreiche literarische Veröffentlichungen, noch immer begeistert von allem, was mit Sprache und Sprachen zu tun hat.

Nicole Bösch-Gruber, geboren 1971, ist seit 30 Jahren im elementarpädagogischen Setting als elementarpädagogische Fachreferentin und Supervisorin unterwegs und hat ihren Master in Bereich der Frühen Kindheit an der Universität Konstanz absolviert. Sie lebt in Vorarlberg (Österreich), ist verheiratet und hat vier erwachsene Kinder. Geschichten hat sie in all den Jahren schon etliche gehört, geschrieben oder selbst erlebt. Unmengen von gelesenen Büchern, wichtige und weniger wichtige Worte begleiten sie bereits ein Leben lang. Eigene Veröffentlichungen sind bislang im frühpädagogischen Fachbereich in Zeitschriften anzusiedeln. Ihre literarischen Werke streben nun gerne in die Öffentlichkeit.

Bettina Bollmann-Koch, geboren 1964 in Bramsche, Niedersachsen; lebt und arbeitet als freischaffende Künstlerin und Autorin in Preußisch Oldendorf, NRW. Überregionale Ausstellungstätigkeit. Lesungen. Teilnahme an Kunstwettbewerben, Symposien; Kunstprojekte mit Schulen, Städten und Gemeinden, Landkreisen, Vereinen, Kirchen. Kunstwerke befinden sich in privatem und öffentlichem Besitz im In-und Ausland und bei Sammlern; mehrere Auftragsarbeiten in privatem Besitz. Lyrik und Prosa in Anthologien, Literaturzeitungen, kirchlichen Zeitungen, Begleitheften zu eigenen Ausstellungen und in zahlreichen öffentlichen Lesungen.
Mitglied in den Künstlervereinigungen Kunst in der Provinz e.V., Verein für aktuelle Kunst im Kreis Minden-Lübbecke e.V.

Iris Brandewiede lebt in ihrer Geburtsstadt Münster. Von hier aus betrachtet sie ihre kleine Welt und den großen Rest. Sie erzählt Geschichten, schreibt Kolumnen, Lyrik und Songtexte. Gemeinsam mit der Fotografin Ingrid Hagenhenrich gestaltet sie Foto-Ausstellungen rund um junge Menschen, die täglich Barrieren überwinden.

Jan Brauns, geboren 1958 in Husum, lebt heute in Bielefeld. Studium der Informatik, Betriebswirtschaft, Sozialarbeit. Hauptberuflich tätig als Jugend- und Familienberater. Nebenberuflich Bildungsreferent und Vorstandsmitglied eines freien Bildungswerkes. Seit 1990 Reportagen, Interviews, pädagogisches Material und Handbücher z.b. zu den Themen Kriegsdienstverweigerung und Zivildienst in Deutschland, Konfliktbearbeitung. Seit 2020 literarische Texte. 2022: Teilnehmer am Projekt »Literatur-Pat*in« des Literaturbüros OWL, Detmold. Frühjahr 2024: Stipendium »Franz-Edelmaier-Residenz für Literatur und Menschenrechte« der Schweizer Gesellschaft für die Europäische Menschenrechtskonvention.

Nicolas Bröggelwirth, geboren 1975 in Herford, lebt in Bünde. Studium der Literaturwissenschaft, Philosophie und Musikwissenschaft in Münster. Hauptberuflich freier Journalist und Fotograf. 1998 Preisträger des Hörfunkpreises »Bobby« der Landesanstalt für Rundfunk und der Deutschen Radioakademie. Schreibt vorwiegend Kurzprosa, Lyrik und Hörspiele. Veröffentlichungen u.a. in den Literatur-Zeitschriften »Tentakel«, »Veilchen«, »Die sentimentale Eiche« und Anthologien. Gründungs-Mitglied der Herforder AutorInnengruppe. 2007 Herausgeber ihrer Anthologie »Das kursiv gedachte Ich« (mittlerweile vergriffen). Monografien: »Erinnerungen an altes Flusswasser«, »Ostwestfälische Gespräche«. 2024 Verlagsgründung »Kerstico« mit Kerstin Honerkamp in Bünde.

Ralf Burnicki, geboren 1962, lebt in Herford und ist Mitglied im Verband deutscher Schriftsteller*innen (VS), in der Gesellschaft für zeitgenössische Lyrik (Leipzig) sowie Mitherausgeber des Literaturmagazins »Tentakel«. Veröffentlichungen z.B. in Sterz (Graz), Die Novelle, Kein Firlefanz, Phobi, Poesiealbum neu, Der Maulkorb, Haller,

Dreischneuß, Karussell, SFD (Wien), Jahrbuch der Lyrik u.a. Diverse Gedichtbände, zuletzt »Lichtaspirin« (Edition AV, Bodenburg 2022) und gemeinsam mit Christine Zeides »Keine Lücken« (Edition Blackbox, Bielefeld 2022).

Jenny Cazzola, geboren 1996, lebt in Südtirol und arbeitet im Marketing und als Journalistin. Sie ist die selbsternannte Queen of Kurzgeschichten. Ihre Texte sind schon in verschiedenen Anthologien im deutschsprachigen Raum erschienen. Unter diesem Namen trifft man sie auch in den sozialen Medien an.

Carina Contreras, geboren 1985 in Koblenz, aufgewachsen in der Eifel. Sie lebt und schreibt derzeit in Köln. Studierte Psychologie, schloss ihre Promotion ab und arbeitet als Psychotherapeutin. Veröffentlichungen in Anthologien und Zeitschriften. Zudem bloggt sie unter ›teakettlecat.com‹.

Malte Demuth, geboren 1979, liebt es, Geschichten zu erzählen. Nach ein paar Semestern Germanistik, Ethnologie und Kunstgeschichte studierte er Grafikdesign und arbeitete anschließend jahrelang freiberuflich als Art & Creative Director in Berlin. Längere Reisen inspirierten ihn zum Schreiben.
Durch schicksalhafte Ereignisse 2017 verloren er und seine Frau innerhalb kurzer Zeit buchstäblich alles. Sie lebten fortan wohnungslos außerhalb gesellschaftlicher Normen und verbrachten ihre Zeit oft in Wäldern: In diesen drei Jahren grenzenloser Freiheit, Krankheit, Isolation, glückseliger Freude sowie qualvoller Schmerzen kam es zu Transzendenzerfahrungen und Einsichten. In seinem Debütroman »Träger des Wassers – Pech & Schwefel« verarbeitet er das Erlebte.

Kirsten Döbler, geboren 1955 in Hamburg, lebt in Braunschweig. Slawistin und Anglistin, arbeitete als Prokuristin eines Hamburger Reiseveranstalters und als wissenschaftliche Angestellte am Niedersächsischen Lehrerfortbildungsinstitut. Autorin von Romanen, Erzählungen und Lyrik.

Nicole Drude, geboren 1972 in Bad Driburg, lebt und arbeitet in Bad Driburg und Hamburg als Lyrikerin, bildende Künstlerin und Politikwissenschaftlerin, zahlreiche Veröffentlichungen in Literaturzeitschriften, »Tentakel«, dem Literaturmagazin für Ostwestfalen, »Poesiealbum neu« der Gesellschaft für zeitgenössische Lyrik Leipzig, dem »Jahrbuch der Lyrik« des Schöffling Verlages 2022, zahlreiche, auch internationale Ausstellungsbeteiligungen.

Cornelia Ertmer, geboren 1953 in Recklinghausen. Nach Schule und Studium der Germanistik und Romanistik in Göttingen und Münster 38 Jahre tätig als Lehrerin an Gymnasium und Gesamtschule. Zahlreiche Veröffentlichungen in Fachzeitschriften für Deutsch. Seit Eintritt in den Ruhestand freie Autorin mit Einzelveröffentlichungen im Bereich Prosa und Lyrik sowie Anthologiebeiträgen; Herausgeberin mehrerer Anthologien.

Maike Frie, Münsteranerin von 1976, nach Stationen in Oslo, Hamburg und Stuttgart heimgekehrt. Arbeitet freiberuflich als Lektorin, Schreibwerkstätten-Leiterin und Autorin. Veröffentlicht Kurzgeschichten in Anthologien und Literaturzeitschriften (u. a. Sterz, Macondo, entwürfe, Dichtungsring, etcetera). Am-Erker-Kurzgeschichtenpreis 2007 (3.) und 2010 (2.), Text des Monats Februar vom Literaturhaus Zürich 2017.

Iris Gassenbauer, 1987 in Wien geboren, studierte Germanistik und Skandinavistik in der Universität Wien und Sprachkunst an der Angewandten. Dissertation über deviante Weltenkonstruktionen in phantastischer Literatur. Wissenschaftliche Mitarbeiterin der STUBE (Studien- und Beratungsstelle für Kinder- und Jugendliteratur). Seit 2023 Leiterin der Literarischen Kurse. Veröffentlichte wissenschaftliche und literarische Texte im In- und Ausland. Lesungen und Vorträge in Österreich, Deutschland und Rumänien. Übersetzungen aus dem Norwegischen.

Gudrun Güth, geboren 1950 in Hagen/Westfalen, Studium der Anglistik und Romanistik an der Ruhr-Universität Bochum und der University in Bristol/UK. Promotion mit einer Dissertation über den britischen Arbeiterroman. Lebt in Waltrop/NRW. Literarisches Schaffen im Bereich Kinder- und Jugendbuch, Lyrik und Kurzprosa, Krimi. Zahlreiche Veröffentlichungen in Literaturzeitschriften und Anthologien, bisher sieben Bücher. Mehrere Literaturpreise, Mitglied des Kinderbuchautorennetzwerks Ruhrautor*innen; Fördermitglied : Ruhrpoeten, Literaturgebiet Ruhr, Neue Literarische Gesellschaft Recklinghausen und Kinderliteraturverein Essen.

Natascha Hefenbrock, geboren 1966, lebt in Paderborn. Studium der Literatur- und Naturwissenschaft. Leidenschaftliche Leserin und Autorin. Mitglied der Paderborner Gruppe »ZeilenSprung«, veröffentlicht Lyrik und Prosa in Zeitschriften und Anthologien.

Willi van Hengel, 1963 geboren in Oberbruch, hat seine Magisterarbeit über die »Dekonstruktion im Blick auf Nietzsche« geschrieben und arbeitet als Lektor im Deutschen Bundestag. 2006 hat er seinen ersten Roman veröffentlicht: »Lucile«. Eine Liebesgeschichte aus Frauensicht geschrieben, in der die Protagonistin vor Sehnsucht verrückt wird. 2008 erschien der Roman »Morbus vitalis« und 2010 das Gedichtbuch (mit Zeichnungen) »Wunderblöcke«.
Im Jahr 2008 verschlug es ihn schließlich an den Weißensee nach Berlin. 2018 wurde sein erstes Theaterstück »de Janeiro – ein Punk ertrinkt in Weißensee« in der Brotfabrik in Berlin aufgeführt. Es folgte in 2021 das Theaterstück »flanzendörfer« – ebenfalls in der Brotfabrik in Berlin-Weißensee. 2022 erschien dann der Roman »Dieudedet oder sowas wie eine Schneeflocke«. Anfang 2024 wurde das Hörbuch »Wir werden über die Einfachheit unserer Liebe« (zusammen mit Magnus Tautz am E-Piano) aus dem Zyklus »Desinteresse und Nicht-Verstehen« veröffentlicht.

Hans-Ulrich Heuser, geboren 1955, lebt in Hagen, schreibt lyrische und szenische Texte sowie kurze Geschichten. Seit Ende der 1970er Jahre Veröffentlichungen in Anthologien und Zeitschriften, z. B. »Schlafende Hunde VIII – politische Lyrik« (Verlag am Park) und in

»Die sentimentale Eiche – Das literarische Blatt aus Westfalen«. Einzelveröffentlichung »auf der stelle« (Brot &Kunst Verlag, Haßloch).

Sabine Hippel wurde 1965 in Bad Oeynhausen geboren. Sie schrieb als Schülerin erste Gedichte und kurze Artikel für eine örtliche Tageszeitung. Sie ist in ihrem Beruf als Rechtsanwältin und Fachanwältin seit inzwischen 30 Jahren tätig. Hierbei geht es um die Durchsetzung von Ansprüchen ihrer Mandanten in den Bereichen Medizinrecht, Versicherungsrecht und Sozialrecht außergerichtlich sowie in Gerichtsprozessen.

Alfons Huckebrink, geboren 1953 in Emsdetten. Lebt in Laer. Schreibt Prosa, Lyrik, Literaturkritik. Mitveranstalter der Münsteraner Literaturmeisterschaften. 2005 – 2008 Bezirkssprecher des Verbands deutscher Schriftsteller (VS). Verfasser der autobiografisch geprägten »Thomas Bitterschulte«-Trilogie. Zuletzt erschienen: »Wortentbrannt. 100 Kürzestgeschichten.« (Coesfeld 2021). Zusammen mit Frank Lingnau veröffentlichte er das Lehrwerk »Literarisches Schreiben als Handwerk. Themen und Techniken für Schulen und Schreibwerkstätten« (Münster 2020). 2022 wurde sein Theaterstück »Müde Krieger« uraufgeführt. Mitherausgeber der Anthologie »Vom Frieden. Texte westfälischer AutorInnen« (Coesfeld 2023).

Gerald Jatzek ist ein reichlich europäischer Autor und Musiker, der weder Ski fährt noch Bier trinkt, weshalb er eigentlich abgeschoben werden sollte. Dank seines Wissens um politisch inkorrekte Ausdrücke im historischen Wienerisch wurde er jedoch zum Weltkulturerbe erklärt und durfte bleiben.

Marlies Kalbhenn, geboren 1945 in Bad Salzuflen-Schötmar, zog mit ihrer Familie 1952 nach Rheda (heute Rheda-Wiedenbrück), wo sie bis 1961 lebte. Nach einer Buchhandelslehre in Hamburg zog sie zurück nach Westfalen und arbeitete von 1965 bis 1974 in Münster in verschiedenen Buchhandlungen und einer Hochschulbibliothek. Sie war Mitglied, eine Zeitlang auch nebenamtliche

Geschäftsführerin der münsterschen Gesellschaft für Christlich-Jüdische Zusammenarbeit. Seit 1974 lebt sie zusammen mit ihrem Mann in Espelkamp. Nach einem Fernstudium der Erwachsenenbildung war sie 40 Jahre freiberuflich tätig, vor allem als VHS-Dozentin im Fachbereich Literatur. Ehrenamtlich leitete sie 25 Jahre lang eine Amateurtheatergruppe, mit der sie zweimal einen Kulturpreis des Kreises Minden-Lübbecke bekam. Seit 1999 publiziert Marlies Kalbhenn Gedichte und Kurzgeschichten in eigenständigen Büchern oder in den Anthologien verschiedener Verlage. Zu ihren Auszeichnungen gehören ein Wilhelm-Busch-Preis, der erste Schleswig-Holsteinische Krimipreis »Nord Mord Award«, ein europäischer Märchenpreis sowie weitere Preise für einzelne Gedichte und Kurzgeschichten.

Anne-Kathrin Koppetsch, geboren 1963 in Werdohl/ Westfalen. Nach Lehr- und Wanderjahren u.a. in Münster, Tübingen, Heidelberg, Jerusalem und Berlin lebt die evangelische Theologin seit der Jahrtausendwende in Dortmund und arbeitet dort als Pastorin.
Veröffentlichungen (Auswahl): »Kohlenstaub«, »Linienstraße«, »Tod im Stahlwerk«, nostalgische Ruhrgebietskrimis, veröffentlicht zwischen 2012 und 2015 bei emons (Köln), mit anderem Titel neu aufgelegt als e-books bei dotbooks; »Glücksorte im Sauerland«, 2020 bei Droste (Düsseldorf); »Mordsoper« (ocm Verlag, Dortmund). Lyrik und Kurzprosa in zahlreichen Anthologien.

Kathrin B. Külow, geboren 1966, diverse Veröffentlichungen in Zeitschriften und Anthologien, Sonderpreis Lyrik der Berner Bücherwochen 2013, Finalistin des art.experiences Literaturwettbewerbes 2015, 1. Preis des Wettbewerbs Politische Lyrik im Geest Verlag 2016, 2. Preisträgerin des Ulrich-Grasnick-Lyrikpreises 2019, Mitglied der Autorinnengruppe Alphabettínen und des BVjA.

Eline Menke, geboren 1956, lebt in Rheda-Wiedenbrück, Studium der Slavistik, Germanistik, Sozialwissenschaften. Promotion 1987. Veröffentlichungen in Literaturmagazinen und in zahlreichen Anthologien. Einzeltitel: Die Luft trägt Blau, Poesie 21, Gedichte, 2023. Preisträgerin beim Literaturpreis Harz 2020 und beim Literaturwettbewerb der Bonner Buchmesse Migration 2022.

Mark Monetha wurde 1982 in Dortmund geboren und ist ebendort wohnhaft. Er studierte Germanistik und Philosophie, absolvierte beide Staatsexamen und arbeitete als Pädagoge. Heute arbeitet er als freier Schriftsteller und Lyriker. Seit 2018 ist er ständiges Mitglied des Schreibworkshops »text & tacheles!« im Literaturhaus Dortmund, seit 2019 regelmäßiger Teilnehmer am Autorinnen- und Autorenstammtisch »LiteraturRaumDortmundRuhr«. Er veröffentlicht Gedichte und Kurzgeschichten in Anthologien und Literaturzeitschriften. Sein erster Lyrikband, »Im dunklen Garten ranken die Lebenden«, erschien 2023 im Verlag edition offenes feld (Hrsg. J. Brôcan).

Papari, geboren 1981 in Bautzen, gelernter Orgelbauer und studierter Kunstgeschichtler und Germanist, arbeitet heute in der Kulturstiftung Sachsen-Anhalt. Das erste niedergeschriebene Gedicht ist von 1993 und behandelt schon das in den weiteren Jahren immer wieder große Thema »Liebe«. Doch gab und gibt es keine Beschränkung darauf. Alles ist möglich im Spiel mit der Sprache, das bei ihm so natürlich und kindlich als irgend möglich deren Grenzen und Möglichkeiten auslotet.

Christian Reinöhl, geboren 1977, studierte Theaterwissenschaft, Deutsch und Französisch und arbeitet als Lehrer.

Kerstin Riechert lebt in Nürnberg. Sie hat Neuere deutsche Literaturwissenschaft studiert und arbeitet als Technische Redakteurin. In ihrer Freizeit widmet sie sich dem Schreiben und dem Malen. Mehrere Texte von ihr wurden veröffentlicht, zuletzt »Winnie« in »Stein – Geschichten und Bilder«, Sebastian von Bomhard (Hrsg.), 2024.

Kordula Schimke, geboren 1964 in Spenge, aufgewachsen in Enger, Besuch des Widukind-Gymnasiums Enger. Gründungsmitglied des Rumpelstilzchen-Literaturprojekts. Veröffentlichungen im »Rumpelstilzchen« und in verschiedenen Anthologien. Studium an der Uni Bielefeld, Bachelor of Art, seit 2019 Integrationskoordinatorin der Widukindstadt Enger.

Rudolf Schimke, geboren 1944 in Prag, aufgewachsen in Südhessen, von 1973 bis 2007 Hausarzt in Spenge, seit 2016 wohnhaft in Enger. Nach Beendigung der hausärztlichen Tätigkeit ehrenamtliches Engagement bei »Asyl Spenge«. Seit der Schulzeit Freude am Schreiben. Veröffentlichungen: Gedichte in verschiedenen Anthologien und 2016 die Novelle »Der weiße Pavillon«.

Ulrike Schönfelder-Hellwig, geboren in Königsberg, lebt und arbeitet in Enger; Malerin, Zeichnerin, diverse Kunstformen verbindende Projekte, seit 1970 Ausstellungen in Deutschland und dem europäischen Ausland, gelegentlich Veröffentlichung von Gedichten.

Rolf Schönlau, geboren 1950, Schriftsteller, Übersetzer und Literaturwissenschaftler, lebt und arbeitet in Schlangen und Rom. Literaturpreis der Stadt Georgsmarienhütte 2000, Einladung zum Ingeborg-Bachmann-Wettbewerb 2004, Stipendium im Künstlerdorf Schöppingen 2016, Stipendium im Künstlerhaus Lukas Ahrenshoop 2023.

Ulla Schuh, geboren 1978 in Nürnberg. Studierte Germanistik und Geschichte in Erlangen und Wien. Sie arbeitet als Lehrerin an einem Gymnasium und leitet eine Schreibwerkstatt für Jugendliche, die 2023 eine lobende Anerkennung des Segeberger Preises erhielt. Veröffentlichungen von Lyrik und Prosa u.a. in Literaturzeitschriften. Auszeichnung mit dem Sonderpreis des Kinder- und Jugendliteraturpreises des Landes Steiermark 2022. Seit 2024 radaktionelle Mitarbeit an der fränkischen Literaturzeitschrift »Wortlaut«.

Michael Schwendinger wurde 1980 in Kempten geboren. Sein Studium der Volkskunde, Philosophie und Soziologie schloss er mit einer Arbeit über die Historie von Hexenkräutern ab. Besonders Märchen und Mythen haben ihn schon immer begeistert. Er lebt mit seiner Frau in

Augsburg. Veröffentlichte Kurzgeschichten und Gedichte in Anthologien sowie einen Roman.

Clara Sinn, seit über 35 Jahren Autorin von Lyrik und Kurzprosa mit zahlreichen Publikationen in diversen Literaturzeitschriften und Textsammlungen, NRW-weit Moderation etablierter Formate von Autorenlesungen, Leitung mehrerer Schreibgruppen, bundesweit Einzel- und Gemeinschaftslesungen bei öffentlichen Kulturevents. Letzte Veröffentlichungen im Schreiblust-Verlag Dortmund in der Jahresanthologie »Irgendwas ist immer« und der monothematischen Jahresanthologie »Antworte mir, verdammt!«.

Marec Béla Steffens, geboren 1964 in Hamburg. Er hätte Kaffeehausliterat werden können, allein – er trinkt keinen Kaffee. So zog er als promovierter Volkswirt in die Welt hinaus, u.a. für Siemens, mit mehrjährigen Aufenthalten in München, Shanghai, Budapest, Warschau, Düsseldorf, Houston, Fürth, Dammam/Saudi-Arabien, Bayreuth und neuerdings Gelsenkirchen. Von ihm sind bisher sechs märchenhafte Bücher erschienen. In Konzerten des Siemens-Orchesters Erlangen kamen mehrere Theaterszenen von ihm zur Aufführung. Zudem schreibt er Libretti für je zwei deutsche und amerikanische Komponisten, mit Aufführungen in London, Rheinsberg, Kassel, Houston und Round Top/Texas.

Simone Steger, geboren 1989, wuchs in der Nähe von Nürnberg auf und studierte Germanistik, Politikwissenschaften und Literatur in Erlangen. Während ihres Studiums wurde sie von der Studienstiftung des Deutschen Volkes gefördert und begann, ihre Leidenschaft für Poesie mit der für Psychologie lyrisch zu verweben. Nach einem Verlags-Volontariat arbeitete sie als Redakteurin sowie in der Stadtteilarbeit. Derzeit schreibt sie an ihrem ersten Roman und experimentiert mit intuitiver Malerei.

Antje Telgenbüscher (geborene Friedrichs), geboren 1944 in Frankfurt/Oder, aufgewachsen im Artland (Kreis Osnabrück), Studium (Germanistik, Anglistik etc.) in Münster und York (England), Promotion mit einer Arbeit über Ilse Aichinger. Beruflich tätig als Lehrerin, Lektorin und Autorin. Lebt mit Familie in Paderborn und Berlin. Publikationen: Beiträge zur Regional- und Frauengeschichte; Gedichte, Kurzprosa sowie (als »Antje Friedrichs«) Kriminalromane.

J. Monika Walther kommt aus einer Leipziger jüdischen-protestantischen Familie. Schlug an vielen Orten Wurzeln. Studierte, promovierte, zog los in die Welt. Kehrte zurück und wurde sesshaft im Münsterland und in den Niederlanden. Arbeitet seit 1976 als Schriftstellerin. Zahlreiche Veröffentlichungen, zuletzt »Fluchtlinien« (2023), »Nachtzüge. Gedichte und gefundene Zettel« (2021) und »Dorf – Milch und Honig sind fort« (2020).

Michael Hellwig, geboren 1954, 41 Jahre im Hauptberuf Lehrer; seit 1981 Leiter/Koordinator des Rumpelstilzchen-Literaturprojekts; Arbeiten für verschiedene pädagogische Verlage, Arbeiten für die Presse, Herausgebertätigkeit, Lektorat, Öffentlichkeitsarbeit, Moderationen, Organisation von Kulturprojekten, eigene literarische Veröffentlichungen, Ausstellungsbeteiligungen mit Texten (in Kooperation mit bildenden Künstler/inne/n) sowie Bildern.

Das Rumpelstilzchen-Literaturprojekt förderte von 1981 bis Anfang 2020 in einem schulischen Kontext literarisch schreibende Kinder und Jugendliche. Seit Februar 2020 besteht es als loser, institutionell ungebundener Verbund literarisch aktiver ehemaliger Schüler/innen, um sich auszutauschen und gemeinsame Projekte zu realisieren. Es ist darüber hinaus offen für andere Autor/inn/en.

Inhalt

Buchhinweise

Michael Hellwig, Siegfried Baron (Hrsg.)
Weiterfliegen
eine Sprach-Bilder-Reise mit dem Tod
CHORA Verlag Thomas Frahm, Duisburg 2017
ca. 150 Seiten, Broschur
ISBN: 978-3-929634-72-3

Sterben und Tod werden in unserer Gesellschaft nach
Möglichkeit eher verdrängt. Um so überraschender, wenn
sich jugendliche Autorinnen und Autoren schreibend mit
dem Thema auseinandersetzen. Im Dialog mit Photogra-
phien des Künstlers Siegfried Baron, der auch ein Dialog
zweier Generationen ist, entstanden Gedichte und Kurz-
prosa-Texte von großer Sensibilität und Ernsthaftigkeit
zwischen Trauer und Trost.
[Das Buch ist nur noch über das Rumpelstilzchen-Litera-
turprojekt erhältlich.]

Michael Hellwig (Hrsg.)
Thorsten Böckmann: Ukraine – Ansichtsachen
Bild-Text-Dialoge
Rumpelstilzchen-Literaturprojekt, Enger 2021
ca. 185 Seiten, Broschur
ISBN 978-3-752-625264

Wenn man heute Berichte in den Medien sieht und das
Gesehene nicht glauben kann, muss man sich vor Ort
überzeugen, ob es der Realität entspricht. Aus diesem
Grund reisten der Maler Thorsten Böckmann und seine
Frau, die Autorin Petra Bobbenkamp, seit 2014 mehrfach
in die Ukraine. In dieser Zeit entstanden »Ansichtssa-
chen« als künstlerische Auseinandersetzung mit dem
Land. Sie stellen nicht die Realität vor Ort dar, sondern
spiegeln persönliche Eindrücke. Im Fokus stehen die
ukrainische Hauptstadt Kiew und Tschernobyl.
Petra Bobbenkamp und weitere Autorinnen und Autoren

haben sich von Thorsten Böckmanns Bildern inspirieren lassen und schreibend auf sie reagiert.
Bilder und Texte werden in diesem Buch miteinander in Beziehung gesetzt. Betrachterinnen und Betrachter sind eingeladen, sich an dem künstlerisch-literarischen Gespräch zu beteiligen.

Michael Hellwig (Hrsg.)
Alexander Kapitanowski: Europa und der Stier
Bild-Text-Dialoge
Rumpelstilzchen-Literaturprojekt, Enger 2021
ca. 170 Seiten, Broschur
ISBN 978-3-752-672596

In einer Folge von »Porträtzeichnungen« setzt sich der Maler und Zeichner Alexander Kapitanowski mit dem altgriechischen Mythos der phönikischen Prinzessin Europa und des Stiers, als der sich Zeus, der höchste Gott des antiken Griechenlands, ihr näherte, um sie dann nach Kreta zu entführen, auseinander. Es ist ein Versuch, den Mythos zu befragen, neu zu definieren und zu transformieren – das heutige Europa durch die Antike zu lesen. Darüber hinaus sind Kapitanowskis Bilder zum Teil auch die künstlerische Hommage an alte Meister, die sich mit dem Europa-Mythos befasst hatten.
Eine Reihe von Autorinnen und Autoren haben sich von Alexander Kapitanowskis Bildern inspirieren lassen und schreibend auf sie reagiert.
Bilder und Texte werden in diesem Buch miteinander in Beziehung gesetzt. Betrachterinnen und Betrachter sind eingeladen, sich an dem künstlerisch-literarischen Gespräch zu beteiligen.

Michael Hellwig, Siegfried Baron (Hrsg.)
HEIMAT: Experiment gelungen?
Eine Befragung
Rumpelstilzchen-Literaturprojekt, Enger 2022
ca. 250 Seiten, Broschur

ISBN 978-3-755-792338
»Ist Heimat ein Begriff, mit dem wir heute noch etwas anfangen können? Oder wieder? Wenn ja: Wo ist Heimat, und was macht sie aus? Was bedeutet Heimat für die Lebensplanung? Bleibe ich? Ziehe ich weiter? Kann ich Heimat mitnehmen? Wie bin ich dorthin gekommen, wo ich lebe? Wann und warum? Und ist dort (jetzt) Heimat? Und welche Gedichte oder Geschichten lassen sich als Antwort schreiben?«

Gefragt wurden Autorinnen und Autoren aus der Widukindstadt Enger und dem Wittekindskreis Herford sowie mit Wurzeln in der Region. Die meisten Antworten weisen aber deutlich über einen lokalen Bezug hinaus.

Die 95 Farbphotographien von Siegfried Baron waren zum Teil Anregungen zum Schreiben, entstanden aber auch als Reaktionen auf Texte.

Melanie Babenhauserheide, Anna Bella Eschengerd (Hgg.)
Ver(w)ortungen
Bildungsprozesse im Rumpelstilzchen-Literaturprojekt.
Eine Festschrift für Michael Hellwig
Aisthesis Verlag, Bielefeld 2020
ca. 270 Seiten, Broschur
ISBN 978-3-8498-1531-8

Das Rumpelstilzchen-Literaturprojekt unterstützt seit 1981 literarisches Schreiben von Kindern und Jugendlichen, bietet ihnen unterschiedliche Foren des Austauschs sowie mannigfaltige Möglichkeiten, mit Lyrik und Prosa an die Öffentlichkeit zu treten. Dieser Band beleuchtet dieses vielseitige Projekt: Exemplarisch veranschaulichen literarische Texte das breite Spektrum der Werke von Beteiligten sowie die Entwicklung ihres Schreibens. Autobiographische Reflexionen, Interviews mit aktuellen und ehemaligen Mitgliedern wie auch wissenschaftliche Betrachtungen gehen der individuellen, pädagogischen und kulturellen Bedeutung des Projekts nach. Durch die Diversität der Perspektiven werden sowohl vielfältige Ideen und Anregungen entfaltet, wie literarische als ästhetische Bildung durch einen kreativen Zugang ganz grundsätzlich begünstigt und ermöglicht werden kann, als auch Schwierigkeiten eines solchen Engagements innerhalb und außerhalb eines schulischen Kontextes kritisch reflektiert.

Walter Gödden (Hrsg.)
Nylands Kleine Westfälische Bibliothek

Seit 2002 gibt die Nyland-Stiftung, Köln, in der »Kleinen Westfälischen Bibliothek«»Lesebücher« heraus, die das Werk verstorbener und zeitgenössischer Schriftsteller/innen aus und mit wesentlichem Bezug zu Westfalen dokumentieren. Die »Lesebücher« erscheinen im Bielefelder Aisthesis Verlag.

»Zeitgrenzen aufbrechen – Literatur im Dialog mit Literatur« ist ein Projekt von **aufbrüche – literaturfestival [lila we:] 2025**, gefördert von der LWL-Kulturstiftung im Rahmen des Kulturprogramms zum Jubiläumsjahr „1250 Jahre Westfalen". Schirmherr dieses Kulturprogramms ist Bundespräsident Frank-Walter Steinmeier. Weitere Förderer des Festivals sind das Ministerium für Kultur und Wissenschaft des Landes NRW, der Sparkassenverband Westfalen-Lippe und die Kulturstiftung der Westfälischen Provinzial Versicherung.

literaturfestival **[lila we:]**
März - Mai 2025